5%の人

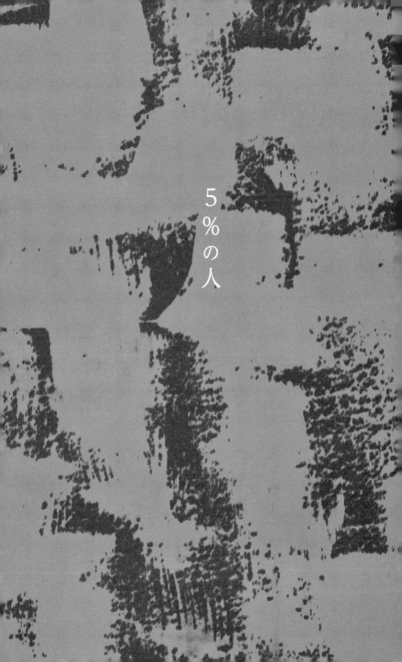

新装版発刊に寄せて

２０２０年12月、今年の漢字に「密」が選ばれたにも関わらず「密になる相手がおらんがな」と思いながら過ごしていた24日。『５％の人』が復刊されるとの一報を頂いたことが、私にとって何よりのクリスマスプレゼントとなりました。

私は大阪で整骨院を経営しておりまして、新型コロナウイルス関連ニュースが流れ始めてから、何人もの患者さんに「テレビばっかり見てたらあきませんよ」とお伝えしてきました。日ごろ相対するほとんどが私より年上の方々で、専門的なこと以外の助言など年長者に対して野暮ではあるのですが、私より上の世代の方々はテレビの影響を受け過ぎることを、過去の健康番組やダイエット番組放送後の反応から知っていました。真に受けて外出を控えて体を動かさなくなり、心肺機能が弱まると、肺炎のリスクが高まることを確信していたので、実は専門外の助言でもありません。

テレビの有名な人の言葉は強烈ですが、身近な知人の言葉も繰り返すと打ち勝てるだろうと踏んでいました。しかし患者さんの息子さんや娘さんからの「外出やめとき」の一言には打ち勝つことが出来ませんでした。助言して納得して頂いても次にお会いする時にはステレオタイプになって帰ってこられます。家にずっといるということはほとんどの人にとってテレビを見て過ごすということなのです。「なんでやねん……」。

思えば20代の頃にもそんな葛藤がありました。社会人になり、周りが生活をする為や自分の好きなことをする為に仕事をしていると言っているとき、私は仕事をするのに理由なんか必要ないと考えていました。「酒飲んでる時ぐらい仕事の話なんかやめておこうや」と言われ「ほな何の話すんねん」と周りとまともに話が出来なくなりかけました。

そんな20代で手にとった『5%の人』には「それで良いんだよ」と力強く励ましてもらった記憶があります。復刊の報せを頂き、今の自分にも励ましをもらおうと読み返してみたら「それじゃダメだろ！」と思いっきり叱られた気がします（笑）。叱られた気がした一番の理由は、本書に登場する坂本龍馬が命を落としたのが33歳。私は現在34歳で、気がつけば龍馬より1歳年上になっておりました。自分より若い人が国を憂い、豪傑達と渡り合っていたと思うと自分の小者感が恥ずかしくなりました。

一旦世の中に出来あがった大きな流れは止められないと賢い人が言います。ですが私はまだ何かを悟るには若過ぎるので、そういう声にも楯突いていこうと思います。自分も大流に一緒に流されながらバタバタと手も足も口も動かし続け、ギリギリ届く範囲の水の流れだけでも変えられる5％の人でありたいと思います。大口叩いておいて私が口だけの男であったとしても、本書がコロナ禍という大流の中であるべき進路を求める私達の導きになってくれることは間違いありません。

べすと整体整骨院　院長　品田充則

はじめに

リョウヘイと金魚

ボクの名前は金魚のタマ。

家族は総勢19匹で、長老のハゲ仙人を中心にみんなで仲良く暮らしている。

「おまえたち、食事の時間だ！　さあ、急げ！」

ハゲ仙人の声を合図に、ボクたちはワレ先にと水槽の一角にあるホットコーナーを目指す。

なぜならいつも〝そこ〟に、ボクたちの食事が降ってくるからだ。

あるときボクは考えた。

どうしてみんな、同じ所に食事が降ってくると思って泳ぐんだろう。

違う場所に降ることだってあるかもしれないのに。

リョウヘイ◀

ぼくの名前は清水リョウヘイ。小学3年生。

お父さん、お母さん、それにカツヨシ兄ちゃんの4人家族だ。

ぼくの家では金魚を飼っている。

ずっと兄ちゃんが面倒をみてきたけど、最近は部活が忙しく、ぼくが代わりに面倒をみることになった。

金魚たちはなかなか賢い。

だってぼくが水槽に近づくと、エサをあげる前に、決まって水槽の右上に集まるのだ。

そこにエサをまくことを知っているからだ。

あるときぼくは考えた。
みんな右に集まるのがクセになっているから、10回に1回は左にエサをまいてみよう。

タマ◁

事件が起こった。
食事が水槽の反対側から降ってきたのだ。
こんなこともあろうかと、ボクは普段から注意深く観察していた。
おかげでいつも出足が遅れ、なかなか食事にありつけなかったけど。

でも、ついにこのときがきた！

ボクは家族の誰よりも早く食事の場所にたどり着き、ご馳走をたんまりといただいた。

リョウヘイ◀

ぼくは10回に1回、水槽の左にエサをまくことを続けた。

最初は右に集まっていた金魚も（なぜか1匹だけ素早く左に泳いでエサを独り占めしていたけれど）、2カ月もする頃になると、こちらがどこにエサをまいても右へ左へ自由に泳ぐようになった。

ぼくはちょっとイタズラをしてみたくなった。

水槽の中に透明のガラス板を入れて壁をつくり、仕切りの反対側にエサをまいたら金魚はどうなるだろう……？

タマ◁

「おまえたち、食事の時間だ！」

いつものようにハゲ仙人がみんなに声をかける。

でも、ボクたちはもう、昔のようにやみくもには泳がない。

食事がどこに降るのかなんて、降ってみるまでわからないのだ。

みんなはもう、それを知っている。


さあ、今日も食事が降ってきたようだ。

いち早く見つけたボクは全力で尾びれを動かし、一直線に食事へと突き進んだ。


【ゴチーン!!】

脳天に衝撃が走った。

何かに強烈に頭を打ちつけたようだ。

ダメージを負ったボクには目もくれず、みんなは食事へと急いだ。


【ゴン！】

【ゴン！】

【ゴチン！】

【ボゴ！】


あろうことかみんなも同じように〝何か〟にぶつかって食事にたどり着くことができない。

「こんなこと、わしの長い人生ではじめてのことじゃ」

ハゲ仙人が嘆いた。

ボクは悔しさでいっぱいになりながら、もう一度、食事めがけて尾びれを振った。

【ゴチン!!】
みんなも続いた。
【ガン！】
【ゴン！】
【ゴン！】
【ガン！】

リョウヘイ◀

アハハハハ。これはおかしくてたまらない。
金魚はガラスの板に気がつかないのだ。

おもしろいから、何日か続けてみよう。

タマ◁

来る日も来る日も、〝何か〟はボクたちの行く手を阻んだ。

ボクもみんなも、毎日のように頭を打ちつけ、疲れ果てていた。

「わしらは学ばねばならん」

ハゲ仙人がみんなを集めてこう言った。

みんなは神妙な顔で、ハゲ仙人の次の言葉を待った。

「世の中にはルールがある。それを守ることじゃ」

そう言うとハゲ仙人はゆっくりとボクのそばに来て告げた。

「タマちゃん、向こう側に食事があっても、決して行ってはならぬゾ」

ボクはハゲ仙人の目を見てコクリとうなずいた。

リョウヘイ◀

数日たつと、金魚たちはもうガラス板の向こうにエサをまいても、間違って泳いでぶつかることはなくなった。

それどころかじっと水槽の右に集まっている。

ぼくはかわいそうになってガラス板を外すことにした。


「ごめんよ」


金魚たちの機嫌をとろうと、ガラス板のあった向こう側、つまり水槽の左へいつもよりたっぷりとエサをまいた。

けれども金魚たちは動かない。

今度は金魚たちが気づくように水槽を指ではじいて音を立てながらエサをまいたけれど、やっぱり動かない。

何度エサをまいても、金魚たちは一匹も寄りつかなくなってしまった。

その夜。

困り果てたぼくは、泣きべそをかきながら兄ちゃんに相談した。

「金魚がエサを食べてくれないんだ。きっと、ぼくのイタズラのせいだ」

すると、兄ちゃんは言った。

「なーんだ、そんなの簡単だよ。すぐに解決してやるよ」

さて、読者のみなさん。
カツヨシはいったいどんな方法で
金魚たちを自由に泳がせるというのでしょうか?

それは……、

新しい金魚を1匹、水槽の中に入れたのです。

するとガラスの存在を知らない金魚は、なんのためらいもなく、エサを食べに行きます。それを見た残りの金魚も、その行動をまねて、エサを食べに行こうとするようになりました。

その金魚は、ただの金魚ではありません。それは……、

「5%の金魚」なのです！

これに似た状況は、私たちのまわりにもたくさんあります。

私たちは知らないあいだに「これは無理」「こんなことできるわけがない」と自らの行動に見えない壁をつくってしまっています。可能性を小さな決めつけでつぶ

してしまうのです。しかし、限界をつくっているのも自らだと知らなければなりません。

私は皆さんに知ってほしいのです。

限界を突破する力が自分の中にあるということを！

本書では、そんな状況を、もっと言うなら時代を変えることができる、「5％の人」について解説します。

この本が、あなた自身の大いなる可能性を開花させる一助になることを、私は願ってやみません。

5%の人

時代を変えていく、
とっておきの人間力

第1章

「95%」と「5%」の違い

あなたの行動を左右する〝常識〟

私たちが生活していく中で、考え方や行動のモノサシになっているものがあります。何だと思いますか？

それは〝常識〟です。

常識とは、社会の構成員が当たり前のこととしてもっている、価値観、知識、判断力などのことを言います。この常識が欠如している人は、社会から不適格者と見られ、時には罰せられたりもします。

常識とは、社会が円滑に営まれていくために、なくてはならないものです。

しかしこの常識は、時と場所によって変わります。

たとえば日本の道路では、車は左側車線を走りますが、アメリカに行けば右側車線を走るのがルールであり、常識です。

人を殺してはいけないというのは常識ですが、昔は考え方の違う人を殺しても罪にならないどころか、たくさん殺した人を英雄として崇《あが》めている時代もありました。

常識とは、具体的に法律というかたちで運営されているものもあれば、あいまいなかたちで人々の心の中にあるものもあり、そのかたちはさまざまです。

私たちは無意識にこの〝常識〟にとらわれて生きています。その逆に、常識にとらわれず、自由に生きている人もいます。

私たちがこのあいまいなかたちでもっていて、その考え方や行動にも影響を及ぼす〝常識〟とは、どこから生まれてくるのでしょうか？

それをつくり出すのは大衆である

常識とは、その社会の中の大多数の人々の考え方です。いわば大衆の意識です。この大衆をどう定義するかはさまざまですが、一般的には全体の95％を占めるのが大衆と言われています。95％ですよ！

この大衆の考え方が常識になるわけですから、それに従っていれば問題なさそうですが、じつはこの大衆の意識は、時に大きく間違います。

いちばんわかりやすい例で言えば、第二次世界大戦です。これは「大衆」が戦争をさせたと言えるでしょう。大衆じゃない一部の人は、アメリカと戦争したって負けるに決まっているとわかっていました。あの当時、昭和天皇は英語が堪能《たんのう》でありましたから、アメリカのラジオ放送を聞いておられたそうです。ですから、この状況下で日本がアメリカに対して戦争を仕掛けることが、どれだけ無謀なことかは、ある程度おわかりになっていたと思います。

その当時の状況がわかっている一部の人たちは、「アメリカなんかと戦争しても負けるから、それよりもっとうまくやる方法を考えようよ」と言いました。でも95%の大衆の人たちが、この人たちのことを〝国賊〟だと言い、それで捕まってしまうわけです。

結果、日本は無謀な戦争に突入し、多くの犠牲を払って大敗。ダメ押しに広島と長崎に原爆まで落とされ、降伏しました。

だから私は、講演会などの人前でお話しさせていただく機会には必ずこう言います。

「大衆になったらダメだよ」

大衆は常に洗脳されます。たとえば、コーラって人気のある飲み物ですが、あれって本当においしいのでしょうか？　本当においしいのであれば、冷やさずに飲んでもおいしいはずですが、常温だと飲めたものではありません。でもコマーシャルでかっこいいタレントさんや、きれいな女優さんが、「スッキリ、さわやか○○・コーラ」とおいしそうに飲みながら宣伝すると、そんな気にさせられてしまう。これを〝思考の自動化〟と言います。

またサブリミナル効果のように、通常は意識されないような小さい音や短い映像を繰り返し流して、無意識に人の思考に影響を与えるような手法もあります。ナチスのヒトラーはこのような洗脳手法に長《た》けていて、多くの大衆を動かしました。結果、コントロールされた大衆は多くの悲劇に加担し、自らも破滅の方向に突き進んでしまったのです。

自分の好き嫌いまで、気づかないうちに他人に決められて、いいように利用されてしまうのが大衆なのです。

いつも大衆は操られている

このように、常に大衆は操られます。そのいちばんいい例は投資です。

投資の基本はリスクを伴うということ。そして、上がったものは必ず下がるということです。とてもシンプルでわかりやすいですね。だから、誰かが得をすれば、その分、必ず損をする人がいるのです。なのに操られた大衆は、「自分だけは大丈夫だ」と思わされてしまうのです。こうして人生を狂わされる人たちは、いまだに後を絶ちません。

資本主義の歴史は〝暴落の歴史〟でもあるのです。

古くは今から380年前のオランダで、チューリップ・バブルというのがありました。当時のオランダの富裕層を中心に、チューリップの収集が流行《はや》ったのです。それが大衆に広がって、チューリップの球根の値段はどんどん高くなり、投資の対象になりました。

これに乗じてひと儲《もう》けしようという人たちも現れ、球根の値段はさらに高くなり、最終的には球根1個で家が買えるぐらいになったのです。今から考えればすごくバカげた話ですが、そこが大衆の意識の恐ろしさ。最終的にチューリップ相場は崩壊し、オランダ全土に信用不安が広がって、深刻な不況に陥ってしまいました。オランダはこの不況から抜け出すのに数十年もかかりました。

日本でも今から20年くらい前にバブルの崩壊がありました。

このときの日本の大衆は、GDP（国内総生産）世界第2位の経済を背景に、株や土地、ゴルフ会員権などの投資に熱狂していました。誰もが永遠に続く右肩上がりを信じて疑わなかったのです。その結果、バブルは崩壊し、平均的に株式は50%、土地は40%下落、ゴルフの会員権の中にはまさに〝紙切れ同然〟にまで値下がりするものもありました。

そうして日本からは1100兆円以上の資産が消えてなくなりました。太平洋戦争で日本の国富は13～15％失われたと言われていますが、このバブルの崩壊ではなんと、18％にあたる国富が消滅したと言われています。

また近年の、アメリカのサブプライムローン問題に端を発した世界同時不況も、もとはアメリカの不動産バブルがきっかけでした。

どうしてこうも、同じ過ちを繰り返してしまうのか？

そこが、大衆の意識の恐ろしさなのです。

洗脳されない「5％の人」になれ！

これに対して、大衆の意識に左右されない人たちがいます。先の例で言いますと、大衆という95％の意見に左右されなかった、「5％の人」たちです。

この人たちは、大衆に影響されることはありません。だから思考の自動化など、操られたり、洗脳されたりすることもないのです。

エジソンやマザー・テレサ、坂本龍馬《さかもとりょうま》や松下幸之助《まつしたこうのすけ》など、後の世に名前を残したような人たちや、大きな仕事を成し遂げたり、偉業を達成するような人は皆そうです。まわりの人たちはそれをすごいと言うけれど、要は大衆のように洗脳されていないだけ。まわりに「そんなことできるわけがない」と言われても決して左右されず、最後まで自分の信じた道を貫くことができる。それが「5%の人」たちです。

私の友人で植松努《うえまつつとむ》さんという方がいます。彼は北海道の、人口1万3000人の小さな町・赤平《あかびら》市で「植松電機」という会社を経営しています。赤平市は夕張市と同じように、かつては炭鉱で栄えていましたが、今では町の財政は、その75%を地方交付税に頼るという、非常に厳しい状態に置かれています。

そのような環境の中、彼の会社は産業廃棄物の分別に使う電磁石の開発に成功し、全国シェア8割を誇っています。また彼は宇宙開発の仕事にも携わっており、人工衛星の打ち上げにも成功しているのです。

そんな彼は小学校の卒業文集『僕の夢・私の夢』で「自分の作った潜水艦で、世界の海を旅したい」と書いたそうです。でもこれはまわりの大人たちから、「他の子はちゃんと仕事のことを書いているのに、おまえはどうしてこんな、叶《かな》うはずもない夢みたいなことを書くんだ?」

と酷評されてしまったそうです。夢を書けと言われたのにもかかわらず……。

しかし彼は、そんな大人たちの言うことに洗脳されませんでした。そしてみごとに北海道の小さな町工場から宇宙開発に携わるという、偉業を成し遂げたのです。

彼のすごいところは、宇宙開発を商売の道具として考えていないところです。彼が宇宙開発に力を入れるいちばんの理由は、たったひとつ。

「子どもたちの笑顔が見たいから」

彼はボランティアとして、全国の小学校で「ロケット教室」をやっています。子どもたちは最初「自分たちにロケットなんて作れるわけがない」という不安な目で彼のことを見ます。それが、実際に自分たちの作ったロケットが、大空高く舞い上がっていく姿を見て、彼らの目は不安から、喜びのキラキラした目に変わっていきます。

それが見たくて彼は宇宙開発をしているのです。「どうせ無理」という言葉で、子どもたちの輝かしい未来を奪いたくない。その一心だけでやっているのです。決して儲かるからやっているわけではありません。しかし、結果的に彼はビジネスでも大きな成功を収めています。

大衆は時に、その人の大切な可能性さえもつぶしてしまいます。これに対抗するためには、私たちは95％の大衆に対抗できる、残り「5％の人」がもっている考え方を身につけなければいけません。これが〝5％の力〟なのです。

試練をチャンスと受け止められるか

世間一般を見た場合、95％が大衆なわけですから、こちら側にいるほうがとても楽そうに思えます。しかし、大衆の意識に左右されてしまうと、心の成長が阻まれてしまいます。たとえば、自分が成長するためにある試練や出来事も、大衆の意識では、社会のせいや人のせいにしてしまう傾向があります。

今は、何かにつけて100年に一度の不景気だからしょうがないとか、政治が悪いとか……。これって完全に人のせいにしていますよね。

べつに私は今の不景気があなたのせいだと言っているんじゃないですよ。要は、「5％の人」ならばどう考えるかと言うと、この人たちは今の不景気を人のせいにはしません。逆にこれは自分が成長するための試練だと思ったり、チャンスだととらえたりします。そしてその機会を活《い》かそうとします。

これに対して大衆の意識は、ついつい他人のせいにしてしまいますから、自らを変えようとはしません。せっかくのチャンスも見逃してしまうことになります。

私たち一人ひとりには、すばらしい可能性が秘められているのと同時に、それを活かすための役割があります。だからこそ、あなたという世界にたったひとつしかない存在が、いきいきと輝くためには、大衆という〝しばり〟から抜け出していく必要があります。

そのためにも私たちは〝5％の力〟を身につけていかなければならないのです。

「5％の人」たちの特徴とは？

この5％の力を身につけた人には特徴があります。

それはみんな、とても魅力的だということです。

私の友人に〝たまちゃん〟こと森崎英五朗《もりさきえいごろう》さんという人がいます。彼は福島の青年会議所に所属しているのですが、ある日、福島を活性化するために何かできないかという話になりました。そこで彼は、「日本全国からその土地の名物〝焼き鳥〟店に来てもらって、その味を競う『やきとリンピック』を開催しよう！」と言いました。

最初、まわりの人たちは「そんなことやっても人は来ないし、第一、全国から焼き鳥屋が集まるわけがない」と言って反対しました。しかし彼は、そのような大衆の意見には左右されず、みごとに「やきとリンピック」を開催させました。そこには全国から約300店舗の焼き鳥屋さんが集まり、2日間の開催期間中、4万人もの人が訪れたのです。このようなことができたのは、ひとえに彼の魅力がまわりを動かしたからだと私は思っています。

それともうひとつは、大衆の意見に左右されない、強い信念があるということです。

私ごとで申しますと、私は東京は江戸川区の篠崎《しのざき》というところに、「読書のすすめ」という書店を経営しています。最寄駅からは歩いて10分弱、幹線道路に面しているわけでもなく、最寄駅近くには、私のお店よりも大きい書店さんがあります。

開店当初、まわりの友人知人からは大反対されました。書店経営を専門に指導しているプロのコンサルタントの方からも、「そんな立地で成功するわけがない」と言われました。しかしおかげさまで今も順調に商いをさせていただき、近所の方だけではなく、全国から本を買いに来ていただいております。

なぜこのようなことができたのか私なりに考えてみますと、いちばん大きかったのは、私自身が書店経営の素人だったからだと思うのです。「本当に良いものを仕入れて売っていれば、必ずお客さんは来てくれる」と信じていましたので、まわりの反対は気になりませんでした。

もちろん、素人だったから成功したという単純なことではなく、そこには5％の力が働いたのだと思います。だからこそ、近所のおじいちゃんから子ども、日本一の大金持ちや上場企業の社長さん、北は北海道から南は九州・沖縄だけではなくはるか海外からも、たくさんのお客様が来てくれるお店ができたのだと思うのです。

誰もが〝成幸者〟になるために

よくビジネスの自己啓発書に、「成功できるのは全体のわずか5％の人で、95％の人たちは成功できない。ではどうすれば5％の人の仲間入りができるのか？」みたいな内容の本がありますが、私が言いたいのは、そういうことではありません。それこそ大衆から見た成功の尺度は、地位や名誉、金銭的価値で計られるもので、そうやって見ると、確かに成功者はほんのひと握りの人かもしれませんが、私が本書でお伝えしたいのは、成功者ではなく〝成幸者《せいこうしゃ》〟になるためのものなのです。そして、それは誰でも身につけることができるということ！

この「5％の人」の力を身につけた成幸者の特徴は、先にも申しましたが、魅力的で大衆の意見に左右されない人。さらには人を喜ばせることが大好きで、それを自分の喜びに変えられる、人間力がみなぎっている人だと思います。

反対に、一見成功者に見えますが、私から見たらとても残念に思える人たちもいます。その人たちの特徴は〝我〟が強いということです。それと、こういう人たち

は、人によって態度を変えます。だから、

「おれがおれがの〝我〟を捨てて、おかげおかげの〝下〟で生きる」

そして魅力的で、まわりの意見に左右されない信念をもった人、自分のまわりを喜ばせるのが大好きな人が、5％の力を身につけた人だと思うのです。

それでは次章以降で、この5％の人になるためには、どんな力を身につけていけばよいかということを考えていきたいと思います。

第2章

心の〝上〟を目指そうよ！

心の上・中・下とは何か？

「5％の人」になるためには、まず自分の心を成長させなければなりません。体が食べ物を摂《と》ることによって自然と成長するように、心も心の栄養を摂らなければ成長していきません。

とくに人間には欲望というものがあります。これは成長していくうえで必要なことではあるのですが、この欲望も含めて成長させていかなければいけないと私は思うのです。つまりそれは、心を〝上〟にもっていくということ。

心にも上・中・下というものがある！

心の〝下〟とは、生まれてから8歳ぐらいまでの心です。この頃は「我が、我がの世界」で自分の欲求を満たすことがいちばんになります。だから赤ちゃんはおなかがすいたらギャーと泣く。でも成長したら、おなかがすいただけでギャーとは泣かなくなります。

また、赤ちゃんはうんちをしたくなったらその場でしますよね。でも辛抱する心が育てばそうしなくなります。

嫌なことにはギャーと泣き、自分の欲求を満たすためだけの心の状態は〝下〟です。心が〝下〟のままで成長してしまうと、人は自分勝手でわがままになってしまいます。人が万物の霊長として生まれてくるのは、心の成長を遂げるためだと言っても過言ではありません。

人は生きていく中でさまざまなことを学びます。その経験や体験の中から、心を〝下〟から〝中〟へ、そして〝上〟へと成長させていくのです。そしてその経験や体験というのは、その人にとって必要なときに、必要なタイミングで現れます。いわば神様からの、心の昇進試験みたいなものです。

たとえば、「まずあなたはこの問題を解きなさい。そしたら、心の〝中〟学校に上がれます。それが解けたら、次にはこの問題を解きなさい。そしたら心の〝上〟学校に進めます」みたいな感じです。しかも、この問題の出題範囲や難易度も含めて、その人に必要かつ解ける問題しか出ないようになっているのです。

しかし最近では、体は成長しても、心の成長が止まったままの人が増えています。わがままで自分勝手。自分の思いどおりにいかないからと人を傷つけ、何かつまらないからとモノにあたる。自分の欲求を満たすためだけの犯罪が非常に増えています。

人は成長していく過程の中で、心の〝下〟を自然に卒業し、〝中〟へと成長させていくものです。そのきっかけになるのが、人に対して畏敬《いけい》の念と尊敬の念をもつということ、これが大切です。そうすれば、「心が〝下〟のままじゃいけない」と自ら悟り、〝中〟へと成長していくでしょう。

近年、自分の欲求を満たすためだけの身勝手な犯罪が増えているのは、自分以外の人に対しての畏敬の念や尊敬の念が薄れているからではないでしょうか？

畏敬の念をもちましょう

とくに最近の若い人たちに欠けてきているのが〝畏敬の念〟です。畏敬とは〝おそれ、うやまう〟心のことを言います。

日本人は古くから八百万《やおよろず》の神を大切にしてきました。その頂点に立つのが天照大神《あまてらすおおみかみ》という太陽神《たいようしん》です。日本の国旗の日の丸もその象徴です。最近ではあまり使われなくなりましたが、昔の人は、人の道に外れた行為に対して、「お天道《てんとう》様にはずかしい」とか「お天道様に顔向けができない」と言いました。

私の友人でありベストセラー作家の喜多川泰《きたがわやすし》さんは、小さい頃におばあちゃんに言われたことを今でも覚えているそうです。

それは喜多川さんがまだ小さい頃で、お風呂に入っていたときのことでした。おしっこをどうしても我慢できなくなった彼は、おばあちゃんにそのことを言いました。するとおばあちゃんは、

「本当はお風呂でしたらいかんのよ。でも、しょうがないから、『お風呂の神様ごめんなさい』って言いもってせんかい（言いながらしなさい）」

と教えてくれたそうです。それからの彼は、どんなときでも神様は自分のことを見ていてくれるんだと思ったそうです。

「罰《ばち》があたる」というような言葉も最近ではめったに聞かれなくなりました。タバ

コの吸い殻やゴミを平気で捨てるのも、その表れかもしれません。マナーという言葉以前に、まず人が見ていなくても神様は見ている！　そういう気持ちをもつことが大切なのだと思うのです。

昔はどこの家にも神棚やご先祖様が祀《まつ》られていて、ご飯の前には最初にお供えをして手を合わせたものです。そうした行為から畏敬の念が育っていきました。

私たちは合理性の名のもとに、古くから大切にしてきた日本の心を置き去りにしてきたのかもしれません。

尊敬の念をもつことの大切さ

人が成長していく段階で、自分以外の誰かに尊敬の念をもつということは非常に大切なことです。そして、子どもの尊敬の念を育てるには、伝記を読ませるのがいちばんだと私は思っています。伝記を読むことについての良さを、先に紹介した植松努さんは自著の中でこう語っています。

〜あきらめないということについて〜

「よくよく考えたら、僕はあきらめ方を知らなかったのです。なぜなら、小さい頃から、偉人の伝記ばかりを読んでいたからです。伝記には、あきらめ方が書いていなかったんです」

『本調子Ⅱプロは逆境でこそ笑う』（総合法令出版）より

できれば8歳くらいまでには読ませるようにしましょう。

この頃というのは、徐々に自我が目覚めていき、自分というものを確立していこうとしだす時期でもあるからです。そんな時期に、人生のお手本を学ぶことは非常に有益です。そうすれば、子どもは自らを成長させようとします。たとえば「ナイチンゲールの生き方って素敵だなぁ」と思えば、そういう人間になりたいと思う。そうすれば、自ら勉強するようになるんですよね。

でも最近の親は伝記などの、子どもが自ら生き方を学べる良書を渡さずに、「勉強しろ！　勉強しろ！」って言っちゃう。これは絶対逆効果ですよ。

それより伝記でも渡しておけばいいんです。そうすれば子どもは「こんな人になりたいなぁ」と思えば、「勉強しろ！」と言われなくても自分から進んで学びたいと思うようになりますから。

スポーツでも、イチロー選手のようになりたいとか、松坂投手のようになりたいって思うから、自ら進んでつらい練習もしようと思うでしょうし、そもそもそれをつらいとは思わない。

自主性が湧いてくるのです。

じつは私も柔道の山下泰裕《やましたやすひろ》選手に憧《あこが》れていて、常に彼のような選手になるための努力を惜しみませんでした。たとえば、彼の姿勢の良さや、試合をするときの礼の仕方などをまねしたものです。また練習以外の日常生活の中でも、階段は片足で上がるとか、常に山下選手のように強い選手になるためにはどうすればいいかということが、私の行動の基本になっていました。今はもっぱらエスカレーターですが（笑）。

8歳を過ぎてからでも、伝記を読むのに決して遅いということはありません。「読もう！」と思ったときが読み時です。だから、大人になってからでも、伝記を読むことは非常に有用です。

私がいつもおすすめするのは『ものがたり伝記シリーズ・全21巻』（明徳《めいとく》出版社）です。この本は20世紀最後の哲学者として有名な、森信三《もりしんぞう》先生が独自に選ばれた21人の伝記がわかりやすく編集されています。じつは私もこの本を大人になってから読んだのですが、あまりの面白さに、それこそむさぼるようにして読みました。

人間は自らを成長させようとする生き物です。

その成長スイッチになるのが、尊敬の念であり、畏敬の念なのです。心の中にこれがあれば、勝手にスイッチが入ってしまい、人に言われなくても自ら向上し、自己実現のための努力をしだすのです。

自分の責任にできるのが心の〝上〟の人

アメリカの心理学者、アブラハム・マズローは、人間の心の成長は低次の欲求から高次の欲求へと、段階的に高まっていくものだと説明しています。

第1段階は生理的欲求。つまり生きていくために絶対必要な、食べる、寝るなどへの欲求です。これが満たされると第2段階は安全の欲求になります。ある程度安全に暮らすことができると第3段階は、所属と愛を求めます。つまり、家族や社会に帰属したいと思うようになるわけです。そして第4段階は承認の欲求。これは他人から認められ、できれば称賛されたいと思う心です。そして最後の第5段階は自己実現の欲求です。

このように人間は低次の欲求が満たされれば、より高次なものを求めます。ただこれに心の成長が伴わなかったらどうでしょう？　心が〝下〟のまま欲求だけ満たされたら、求めるものは独りよがりの自己実現になってしまいます。

そうならないように私たちは日々、伝記や良書を読みながら心に栄養を与えて、

〝下〟から〝中〟へ、そして最後には〝上〟へと卒業させないとダメなんです。

とくにこの〝中〟から〝上〟へ行くのがなかなか難しい。そこには常に試験があるのです。どんな試験があるかというと、何か問題が起こったときに、自己責任が取れるかどうかということ。自分に起こった問題をすべて自分のこととして受け止められるかどうかで、心の〝上〟へと進んでいけるかどうかが決まるからです。

【マズローの欲求段階説】

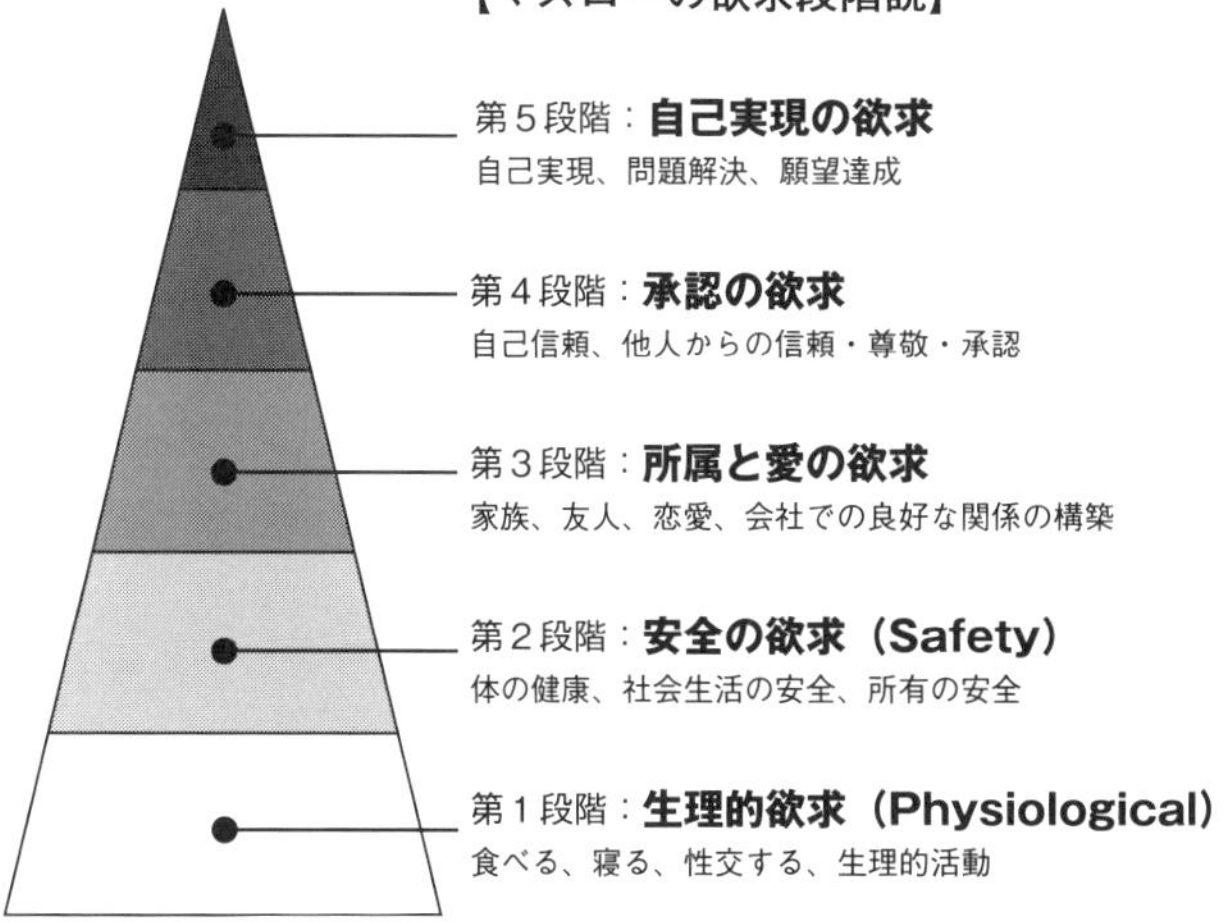

ファンになるな、プレイヤーになれ!!

大衆はすぐマスコミに踊らされてしまいます。

累計納税額日本一という記録をもつ、実業家の斎藤一人《さいとうひとり》さんが、ある週刊誌に悪口を書かれたことがありました。その内容は、億万長者の淫《みだ》らな私生活とか、金儲《もう》けの仕方にはこういうカラクリがある、みたいな記事でした。私も一応読んでみましたが、まったくのでっち上げです。

私が経営する「読書のすすめ」という書店には、斎藤一人さんも本を買いに来てくださることから、多くの斎藤一人さんファンの人に足を運んでもらえるようになりました。しかし、その記事が出てから、「あの記事を読んでがっかりしました」とか「だまされました」みたいなことを言い出す人が、たくさん現れたのです。本当に悲しいことです。

ことの真相は、その雑誌の出版社が斎藤一人さんに取材を申し込んだのに対して、一人さんは「私はそんな偉い先生ではないので、申し訳ないのですが、お断りさせてください」と言ったところ、その雑誌社は「俺たちの取材を断るなんてけしからん！」みたいな感じででっち上げの記事を書いたということです。

斎藤一人さんは心が〝特上〟の人です。私もじかに商いのことやいろんなことを教わりながら、そのすごさを実感しています。

そんな一人さんだから、その記事に対して名誉棄損で訴えるなんていうことはしません。それどころか、「まぁ、あの人たちもそれで食っているんだからしょうがないよ」って言ってしまう人なのです。

でも大衆（95％の人たち）は、まんまとその雑誌に踊らされて、その記事を信じてしまいました。〝人の不幸は蜜の味〟なんて言いますが、これは心の〝下〟の考え方。マスコミはときに、そんな人たちの心を利用しようとします。

私は日頃から、「ファンになるな、プレイヤーになれ！」と言っています。これは、本を読んで感動したら、その著者のことを好きになるだけじゃなく、その著者が言っていることの実践者になろう、という意味です。

斎藤一人さんのファンの人たちも、その教えのプレイヤー（実践者）であれば、マスコミと一人さんと、どちらが正しいかはすぐにわかるはずです。

あるプロゴルファーの〝上〟的ひと言

先日、ゴルフの「全米オープン」で石川遼《いしかわりょう》選手の試合をテレビで見ていたときのことです。解説は青木功《あおきいさお》さんがされていました。すると私はあることに気づかされました。それは青木さんの解説に「逆に考えると」という言葉がすごく多いのです。たとえば石川選手がミスショットをしてバンカーに入れてしまったとき、青木さんは解説で、「逆に考えると、この場面はこれで良かったんですよ」と何度も連発されていたのです。

「逆に考えると！」

青木功といえば日本を代表するプロゴルファーの1人です。その試合経験の中で、数えきれないいくらい困難な場面に直面したことでしょう。そのたびに彼は、直前のミスを次のプレーに引きずらず、置かれた状況の中で最善のプレーをするにはどうすれば良いかを考えたのだと思います。それが「逆に考えると」という発想なのでしょう。そしてそれは、ほとんど無意識のうちに青木さんの考え方の中心をなし、解説をする際にも無意識に言葉として出てくるのだと思います。

このように、自分の置かれた状況に対して良いこと、悪いことも含めてすべてを必然として考えられるのが、心の〝上〟的考え方です。

これに対して、心が〝下〟や〝中〟だと、どうしてもまわりの意見や考え方に左右されてしまいます。

先述のマズローの欲求段階説で言うと、大衆には所属の欲求が働くんですね。それで大勢の人の中にいると安心してしまう。大勢の中にいて安心してしまうと、自分で考えるということをしなくなってしまうんですよ。そうすると、何が正しくて、何が間違っているかの判断もできなくなってしまいます。

少し前の話ですが、横綱の朝青龍《あさしょうりゅう》が引退しました。暴行事件疑惑やいろいろと問題行動もあり、マスコミはこぞって「朝青龍は横綱としての品格がない」と言いました。

私は思うのですが、彼が本当に横綱としての品格がないのであれば、もう一度、幕下からやり直させればいいのです。そうすれば、早い時間から始まる幕下の相撲を見にお客さんが入ります。これでお客さんは強い朝青龍の相撲が見られて喜ぶし、相撲協会もお客さんが入って喜ぶし、朝青龍自身も禊《みそぎ》になって、みんなが喜ぶわけです。

それを世間という大衆が「品格がないからやめろ！」と言っているからとやめさせてしまっては、相撲界にとっても損失ですし、お客さんにとってもいいことはありません。

そろそろ、大衆に乗せられて判断するのはやめましょう。それよりも、心の〝上的見方をすれば、必ず〝三方《さんぽう》よし〟の解決策が浮かんでくるはずです。

〝所属の欲求の壁〟なんて乗り越える

そのためにはまず、〝所属の欲求の壁〟を乗り越えなくてはいけません。

私のお店には、就職活動に悩んでいる若い子たちもよく来ます。この若い子たち

を見ていて、すごく共通することがあるんです。それは……、

暗いんです。

最近は不景気で就活も大変なのはわかるのですが、お店に入った瞬間から背中が丸まっていて寂しげなんですね。私としては、若さを爆発させて、もっとギラギラと輝いて歩いてほしいのですが。

こういう子たちに「就活の何に悩んでいるの？」って聞くと、「上場企業で給料が安定していて、休みもちゃんと取れるところに勤めたいのです。私の友達は皆、そういうところから内定をもらったのですが、私だけどこからも内定をもらえずに焦っています」って言うんです。私はこういう話を聞くと、ちょっとだけ頭にきます（笑）。

学生の皆さんは、今まで親や社会から育ててもらった恩があるはずです。それが社会人になって、これからは社会に対してお役に立つことでお返ししていこうというスタート時点で、最初から給料や休みの心配をしていてはいけません。

会社だって今はどこも、すごく大変なんです。そんななか新卒の人たちを雇うのは、大変なことなんです。だって、新卒で入社しても即戦力にはなかなかならないので、まずは教育をしなければならない。会社が利益のことだけを考えるのであれば、経験者の中途採用をしたり、パートやアルバイトや派遣社員だけに頼るはずです。では、なぜ会社が新卒を雇うかというと、〝それが企業の社会における役割だからです。

就活生の方たちが、なかなか就職が決まらずに焦る気持ちは私にもわかります。しかし、どんな会社に採用されたかであなたの価値は決まりません。どんな仕事をしたかであなたの価値は決まっていくのです。

まずは〝所属の欲求の壁〟を乗り越え、自分自身が社会に対して何ができるのかを見つめてほしいと思います。

心の横糸と縦糸の話

所属の欲求の壁を乗り越えたり、心を〝下〟や〝中〟から〝上〟へもっていくために、私はよく心の横糸と縦糸の話をします。1枚の生地や布が横糸と縦糸をしっかり織り込んでできているように、しっかりした心にも横糸と縦糸が大切だということ。

心の横糸とは、その地域や時代に合った考え方です。信仰や宗教もこれに入るでしょう。これに対して心の縦糸とは、決して変わらない、不変の真理みたいなものです。それは決して難しいものではありません。たとえば、ご飯を食べるときに「いただきます」と言い、食べ終わったら「ごちそうさま」と言う。何か人にしてもらったら「ありがとうございます」って言うとか、靴を脱ぐときにはそろえて、他の人の履き物が乱れていたら、そっとそろえてあげるとか。人として当たり前の行為がほとんどです。

私は宗教関係や生き方などの勉強会で、とても熱心に学んでいる方たちとお話をさせていただくときに、少し違和感を覚えることがあります。それは、あまりにも心の横糸に縛られているということです。皆さん、それぞれすばらしいことをされているのですが、話を聞いていると、「〜しなければならない」とか「こうあるべきである」みたいな言葉が多いんですね。

この心の横糸の価値観に縛られることほど、怖いものはありません。たとえば、たった60年ほど前までは、戦争することが正しかったんですよ。敵対する国の人をより多く殺した人が英雄になりました。

日本も明治の初めまでは、「牛肉を食べると角が生える」と誰もが信じていました。今から考えれば笑い話ですが、その当時の人たちは真剣にそれを信じていたのです。

昔は愚民政策というのがあって、国民自身に考えさせず、国の思いどおりに国民をコントロールしようとしていたのです。しかし、今はＩＴの進歩とともに、この政策はうまくいかなくなってきました。

世の中には「振り子の法則」というものがあります。それは振り子のように、右に振れた力の分だけ、今度は左に振れようとする力が働くという法則です。世の中の出来事も行き過ぎると逆の方向に戻ろうとする。そうしてバランスを取ろうとするのが心の横糸なんです。

「郷《ごう》に入《い》っては郷《ごう》に従《したが》え」ということも大切です。たとえばエスカレーターに乗るのも、東京なら右側を急いでいる人のために空けますが、大阪では左側を空けるみたいに、その時、その場所にあったルールがあるものです。大阪に行った東京の人が、「大阪は間違っている」なんて言ったらケンカになっちゃいますよね。ルールや道徳を大切にするのは良いことですが、縛られすぎると良くない。第一、おもしろくない。要は、心の横糸に縛られない生き方というのが大切なんだと思うのです。

真の上品とは何か？

〝上品〟とか〝下品〟という言葉がありますよね。この語源はもともと、仏教から来ているんです。上品《じょうぼん》、中品《ちゅうぼん》、下品《げぼん》と言い、最近では中品は使われなくなりました。

近年この言葉が違った意味で使われています。

上品というのは心の〝上〟の人たちで、肩書きや年齢など、物事を上とか下とかで考えないんですよ。逆に、小さいことをすごく大切にします。ちょっとしたおしゃれとか、ちょっとしたしぐさを大切にしている人を上品と言いました。これに対して物事を上下で判断し、うわべだけ派手にして、目立ちたがるような人を下品だと言ったのです。

ところがいつの間にか、上品と下品の意味が逆さまになってしまっています。たとえばセレブなんて言葉がありますよね。こう呼ばれている人の中には、ブランド品で着飾って、「どう、私って素敵でしょ！　このバッグ高かったのよ！」みたいな感じの人がいます。これって本来の意味でいくと、すごく下品ですよね。

本当の上品とは心が〝上〟の人ですから、他人と比べたりしません。だからすごく楽だし、楽しいんです。流行などに左右されず、他人の評価も気にしませんからすごく自由なんですね。

見た目より、心の豊かさを優先する。それが真の上品だと私は思います。

本当のことを言わないのも心の〝上〟

〝嘘も方便〟と言いますが、あえて本当のことを言わないのも、心の〝上〟の生き方です。私はこれを父から学びました。

私が小学生の頃、学校からもらった通信簿を母に見せたときのことです。私はその頃、今以上に自由奔放で（笑）、勉強よりも友達と遊ぶことに熱心でした。結果、学校の勉強は散々です。その通信簿を見たとき、母はかなり怒りました。さらに私は反省の色を見せるわけでもなく、寝そべってマンガ本を読み続けていましたから、母はさらにその態度に激怒しました。そして仕事から帰ってきた父に通信簿を見せながら、「克衛を怒ってください！」と父に迫ったのです。

すると父は、こう言いながら母のクレームに一切応じませんでした。

「大丈夫だよ。克衛は将来、大物になるから」

私はこの父と母のやり取りを陰で聞いていて、大きく反省しました。そしてその後は勉強もがんばるようになったのです。そのとき父は、私が本当に大物になるとは思っていなかったのかもしれません。でも、私の性格を知り尽くしている父は、嘘をつくことで私に気づかせてくれたのだと思います。

また、お釈迦《しゃか》様の逸話にこういうのがあります。

お釈迦様の名前が売れてきて、弟子が３０００人ぐらいになったとき、いろんなうわさが流れました。たとえばお釈迦様は宙に浮くことができるとか、神通力がすごいとか。その中のひとつで、お釈迦様は人を生き返らせることができるというわさもありました。そのうわさを聞いた、生まれたばかりの子どもを亡くした母親が、その子を生き返らせてもらおうとお釈迦様のもとを訪ねました。

母親は取り次いだお釈迦様の弟子に、「私の生まれたばかりの子どもが亡くなりました。お釈迦様は人を生き返らせることができると聞いて来ました。ぜひ、この子を生き返らせてほしくてお願いにあがった次第です。なにとぞどうかお願い致します」って涙ながらに訴えるんですね。

それを聞いた弟子は、いくらお釈迦様でも、死んだ人を生き返らせることなんてできないとわかっているんですね。それで弟子はお釈迦様に「どうしましょう?」って聞きに行くわけです。そうしたら、それを聞いたお釈迦様は「いいよ。その母親をここに連れておいで」って言うんです。弟子もびっくりしました。

それで弟子は母親をお釈迦様の前に連れて行きました。母親はお釈迦様の前に来て「どうかこのかわいいわが子を生き返らせてほしいんです。お釈迦様の神通力でお願いします」と言いました。するとお釈迦様は「ああ、いいよ、いいよ。生き返らせてあげるよ」と言います。そして「しかし、生き返らせるためにはあるものが必要です。それは、〝1人も人が亡くなったことのない家にはえている樫《かし》の実〟です。それを煎《せん》じて飲ませれば生き返らせることができるから、それを探しておいで」と付け加えました。

それを聞いた母親は近所中を訪ねまわりました。

トントンと戸をたたいて、

「お宅で誰か亡くなった人はいますか？」と尋ねます。すると、

「去年、おばあちゃんが亡くなってね」と言われます。

次の家では「去年台風が来て、そのときに息子が川に流されて死んじゃったのよ」と言われます。

また次の家、またその次の家でも誰かが亡くなっていました。

そうして何百軒と訪ねまわって、母親は気づきました。

「みんな別れたくない大切な人と死に別れて、そういうことを経験しながら、それ

でも楽しく、力強く生きていこうとみんながんばっているんだ」

それに気づいた母親はお釈迦様のもとに戻って行って、「お釈迦様がおっしゃられた意味がわかりました。本当にありがとうございました」と言って帰ったそうです。

「嘘も方便」の一例としてお釈迦様の逸話を取り上げましたが、方便と同時に〝話をする順序〟も大切なことです。たとえば相手に何か注意をしたりするときは、とくに気をつけてください。話す順番というのがとても大切です。

野球のコーチング手法でも有名な話ですが、「高めの球に的を絞って打っていけ。絶対、低めの球に手を出すんじゃないぞ」と言われたバッターは、最後に言われた〝低めの球に手を出す〟ということが強く印象として残ってしまい。無意識に低めに手を出してしまうそうです。

これと同じで注意したりするときは、先に悪いことを言って、後に良いことを言うようにしましょう。たとえば、

「おまえはやれば絶対できるのに、サボってばかりいるからダメなんだ」

と言うのではなく、

「おまえはサボってばかりいるのはダメだけど、やれば絶対できるんだ」

と言うようにしましょう。

自分の機嫌は自分でとる

心が〝上〟の人は、自分の機嫌を自分でとることができます。嫌なことがあっても、それを決して他人のせいにせず、自分で自分の機嫌を立て直す術《すべ》をもっています。

アメリカの成功哲学ではプラス思考が大切だと言います。物事を悪い面からではなく、良い面から見ることによって積極的な、新しいアイディアが生まれる。これも結局は、マイナス思考だと自分の機嫌を自分でコントロールできないから、プラス思考になって自分で自分の機嫌をとれるようになろうということなんです。

また仏教には〝十牛図《じゅうぎゅうず》〟というのがあります。これは、禅の悟りにいたる道筋を、牛を主題にした10枚の絵で表したものです。たとえば暴れている牛、または落ち込んでいる牛を自分の心にたとえて、その手綱をどうすれば上手に扱うことができるかを考えるのです。

自分で自分の機嫌をとるためには、自分の感情にそのまま反応するのではなく、俯瞰《ふかん》して見ることが大切です。

それともうひとつ大切なのは、何があっても自分自身の責任として物事をとらえる、覚悟の気持ちです。

偉大な作家からのメッセージ

作家の司馬遼太郎《しばりょうたろう》さんが子どもたちに向けて書かれた『二十一世紀に生きる君たちへ』（世界文化社）という本があります。司馬さんは、歴史作家として『竜馬がゆく』や『坂の上の雲』をはじめとした、数々の名作を世に残しました。彼の作品には、歴史から現代の我々が何を学べるかというメッセージが常に込められています。そしてこの『二十一世紀に生きる君たちへ』には、ストレートにこれからの時代を生きる人たちへのメッセージがつづられています。わずか44ページの本ですが、執筆には8年もの歳月を費やしたそうです。この本の中で司馬さんはこう書かれています。


「いたわり」

「他人の痛みを感じること」

「やさしさ」

みな似たような言葉である。

この三つの言葉は、もともと一つの根から出ているのである。

根といっても、本能ではない。

だから、私たちは訓練をしてそれを身につけなければならないのである。

その訓練とは、簡単なことである。例えば、友達がころぶ。ああ痛かったろうな、と感じる気持ちを、そのつど自分の中でつくりあげていきさえすればよい。

この根っこの感情が、自己の中でしっかり根づいていけば、他民族へのいたわりという気持ちもわき出てくる。

君たちさえ、そういう自己をつくっていけば、二十一世紀は人類が仲よしで暮らせる時代になるに違いない。

～中略～

君たち。君たちはつねに晴れあがった空のように、たかだかとした心を持たねばならない。

同時に、ずっしりとたくましい足どりで、大地をふみしめつつ歩かねばならない。

私は、君たちの心の中の最も美しいものを見続けながら、以上のことを書いた。

書き終わって、君たちの未来が、真夏の太陽のようにかがやいているように感じた。

これは司馬さんが見たかった、21世紀という、輝かしい未来を生きる私たちに向けたメッセージです。しかし、今この私たちが生きる21世紀は、はたしてそのような輝かしい時代になっているのでしょうか？

それは決して難しいことではありません。心を上に向けて実践していけば、必ず変わっていくと私は信じています。

古いモノサシは捨てましょう

２００７年、アメリカのサブプライムローン問題をきっかけに、世界は未曽有《みぞう》の金融危機に陥りました。このときアメリカは、自国の最も大きな産業のひとつである自動車産業を守るため、自動車メーカーに対して国からの援助を行いました。これは本当に異例のことです。資本主義・自由競争の大本の国、アメリカがこれをやったのですから。

これに対して共産主義・社会主義の大本の中国が、資本主義の良いところを取り入れて、驚異的な経済成長率を示しています。

時代は振り子のようなもので、行き過ぎると必ず、それをもとに戻そうという力が加わります。

日本でもライブドア事件以降、〝金、金、金〟という考え方から少しずつですが、それを見直そうという意識が芽生えてきました。

しかし、いまだにその意識や価値観から離れられない人たちがいます。振り子の方向が変わろうとしているのに、今までの方向から離れられずにいる人たち。それが大衆です。

時代の方向が今、変わろうとしているのですから、いつまでも古い考え方やモノサシに縛られているのではなく、手放してやればすごく楽になります。たとえば、いまだに良い学校に入って、大きな会社に入るのが幸せだって信じている親が多いものですが、みんながみんな、これを目指しても幸せにはなれません。人にはそれぞれ役割があるのですから、その子がいちばん能力を発揮できるところを伸ばしてあげればいいのです。

商売もそう。大手が安売り競争にばかり目を向けて、そのコストのしわ寄せは給料に跳ね返ってくるから、結局、底なしのデフレ・スパイラルから抜けられなくなっちゃう。

心が〝下〟や〝中〟のままでいると、いつまでも古い意識や価値観に縛られ続けます。とくに今は振り子が振れて、時代が大きく変わろうとしているときです。だからこそ古いモノサシは捨てて、心の〝上〟へ向かわないとダメなのです。

これからの商売にとって大切なこと

それではこれからの時代に大切なものは何でしょうか？

たとえば商売で言うと、安売りは先ほども少し触れましたが、買う人は安いと一時的には満足します。でも、それが巡り巡って全体の不景気につながるわけですから、本当は誰もうれしくないんです。

それよりも、私は人と人との信頼関係を基盤にした商売が大切だと思っています。いわば家族意識ですね。たとえばウチの近所には「私は清水くんのことが好きだから、本は『読書のすすめ』で買うよ」って言ってくれる人が結構いるんです。先日も、「この間、新宿に行ったら、大きな本屋さんに俺のほしい本があったんだけどさ、我慢して買わなかったよ。おまえのところで本は買うって決めてるから、その本、頼んでおいて」って言ってくれるおじいちゃんがいました。本当にありがたいことです。

この考え方は、私があみ出したものでもなければ、最近できたものでもありません。昔からあった考え方です。

商売の基本は信頼関係です。それが最近では本当に希薄になってきました。たとえば、少し前に食品の偽装問題が取りざたされました。賞味期限切れの食品を、期限を偽って出し直したり、産地を偽装したりして販売した問題です。これって「わからなければいいや」って思ったのかもしれませんが、本当に大切な人に食べてもらうって考えれば、絶対そんなことはしませんよね。商人にとって、お客様って大切な存在なんです。お客様がいるから商売もできるし、その人も生活ができるんです。そんな大切な人をだまして商売してうまくいくって考えるほうがおかしい。

「読書のすすめ」には、私が大切な人に、ぜひ読んでもらいたいって思う本だけを置いて商売をしています。これに対して他の多くの書店さんは、大切な品ぞろえを取次や出版社に依存しています。

私は決して他の書店さんの商売のやり方が間違っているなんて言う気はサラサラありません。ただその結果、「読書のすすめ」には、日本国中からはもちろん、海外からも本を買いに来てくださる人が増え、多くのマスコミからも取り上げていただけるようになりました。それはマスコミのウケをねらって商売をしたからではなく、目の前にいる大切な人に感動してもらうことを積み重ねてきた結果だと私は思っています。

必要なのは家族の意識革命である

これからは商売でもなんでも、家族意識をもつことが大切だと思うのです。

昔の人は、食べていくのが精いっぱいでした。それで農業革命が起こって、より安定して食べていける時代が来ました。次に人々はより便利に生きたいと考えて、産業革命が起こりました。さらに人々は、よりもっと知りたいと考えて、IT革命が起こりました。それでも人々は幸せになったとは言えない状況です。

今や日本の自殺者は、毎年3万人を超えています。とくに近年では、若者の自殺者が増えています。10代の頃は青春です。人生の中でもいちばん楽しい時期のはず。スポーツや恋愛など、さまざまなことに興味をもって、多少のバカなことも許される時期です。男の子だったら、女の子の裸に興味をもって、エロ本を隠れて見たりとか（笑）。いろんなことにドキドキ・ワクワクする、楽しくてしょうがない時期であるはずの、10代の自殺者が増えているということは、とても深刻な問題です。人は将来が明るければ、死のうとは考えないはずです。だとすると、今の若者の目には、これからの将来がとても暗く映っているのです。

だから今こそ、〝精神革命〟を起こさなければいけません。

この精神革命という言葉は、極真空手の生みの親である、大山倍達《おおやまますたつ》さんが唱えていたことです。彼は混迷の時代を生き抜く人間のあり方として、この精神革命の考え方を広めるために、その手段として極真空手を世界に広めようとしました。

私はこの精神革命の第一歩になるのが、家族意識をもつということだと思うのです。

よくコンビニで、店員の態度が悪いことに腹を立てて怒鳴っている人がいますが、もしこの店員さんが自分の娘や息子だとしたらどうでしょうか？　決して人前で怒鳴ったりはしないはずです。それどころか、さりげなく助言をしてあげたり、「いろいろ大変だと思うけど仕事がんばってね」と声をかけるでしょう。実際その店員さんは身内ではないにしても、身内のように家族意識をもって接してあげることで、店員さんも気づきを得られ、言った人も店員さんから受けるサービスの質が向上し、双方がハッピーになるはずです。

マザー・テレサは「愛の反対は憎しみではなく、無関心」と言いました。だとすれば、愛ある行動とは、まず他人に対して関心を示すということですよね。自分のまわりにもし落ち込んでいる人がいたら、「どうしたの、何かイヤなことでもあったの？」って声をかけてあげることが大切です。

そしてマザー・テレサの言葉に「世界でいちばん恐ろしい病気は、孤独です」というのもあります。縁あって出会った人に対して、家族のように接しましょう。

さらにマザー・テレサは、世界平和のために人は何をすべきかという質問に対して、「帰って家族を大切にしてあげてください」と答えたといいます。

この家族意識が広がっていけば、世界は間違いなく今よりも幸せになるはずです。

出会いを大切にする心

〝家族意識〟もそうですが、心の〝上〟とは、出会いを大切にする生き方です。

〝袖《そで》振り合うも多生《たしょう》の縁〟とは「道で見知らぬ人と袖が触れ合う程度の些細《ささい》なことでも、じつは前世からの深い因縁によるものだ」ということです。

柳生家《やぎゅうけ》の家訓として有名な言葉があります。


小才《しょうさい》は、縁に出会って縁に気づかず。

中才《ちゅうさい》は、縁に気づいて縁を生かさず。

大才《たいさい》は、袖すり合った縁をも生かす。


また仏教には〝因縁果《いんねんか》の法則〟というものがあります。

これは〝花が咲く〟という結果には、〝花の種をまく〟という原因があるけれど、そこにいたるには太陽の光や雨、土の養分など、さまざまな〝ご縁（関わり合い）〟

との出会いがあるからこそなのだということです。

講談社の創業者である野間清治《のませいじ》さんは、人生を成功に導く条件として、〝人上練磨《にんじょうれんま》〟〝事上練磨《じじょうれんま》〟〝書上練磨《しょじょうれんま》〟の三要素をあげています。

つまり、人と出会って人に学び、出来事に出会って出来事に学び、本に出会って本に学ぶということです。

出会いには良い出会いもあれば、悪い出会いもあります。しかし、無駄な出会いというのはありません。日々の出会いに感謝し、その出会いから何かを学んでいくのが心の〝上〟の修行なのです。

一瞬で人との距離を縮める力

私はよく、読書は自分のためにするのではなく、人のためにするものだと言います。これは、本を読みながら「この話は○○さんの役に立つ」という箇所があれば、それをその方に教えてあげることによって、その人にも役立ちますし、話した本人の理解も深まるからです。

だから、心の〝上〟を目指す皆様は、日々読書をすることはもちろんのこと、読書で得た知識を人前で話す習慣を身につけてください。

ただ、人前で話すのって緊張しますよね。じつは私もすごく緊張します（笑）。大勢の人の前だけではなく、初対面の人と話すのも最初は緊張するものです。

私は年間１００回以上は講演会などに呼ばれて人前で話をします。また最近ではテレビやラジオ、雑誌などの取材も多くなりました。最初の頃よりはだいぶ慣れてきましたが、それでも企業の研修などで、私のことをあまり知らない人の前で話すとき、とくに最前列の人が怖そうな顔をしてにらんだりしていると、やはり緊張します。

そんなときにどうするかというと、〝まくら〟の力を使うのです。

まくら［枕］とは落語で使われている用語で、本題に入る前に話す短い話のことをいいます。一般的には時候の話題や時事ネタ、小噺《こばなし》などを取り入れて、ここでぐぐっとお客様の心をつかむわけです。

落語の名人と呼ばれる人たちは必ずと言っていいほどこのまくらが上手で、その場の雰囲気なんかを見て、アドリブで話すわけです。

まくらといっても特別な話をする必要はありません。

たとえば、その場所に行く途中に乗ったタクシー運転手さんの話や、訪れた場所の印象などや、自分の身のまわりのことを話せばいいのです。日常の生活の中には、気にしていれば必ず面白いネタがあるはずです。すばらしいアニメーションで世界的に知られている宮崎《みやざき》駿《はやお》監督も「テーマや題材なんてものは、身のまわり半径3メートル以内にある」と言っておられます。

人は話をするとなると、どうしても自分が話す内容を相手に受け入れてもらえるかどうかを気にしてしまいます。その相手だって、知らない人だと、この人は信用できる人かどうかをまずは疑ってみてしまうもの。だから、まずは〝場〟をひとつにする作業が必要になるのです。そこで〝まくらの力〟を使うわけです。

〝まくらの力〟を発揮するには日常生活の中で、常にネタを探す意識をもつことです。それと、「まずは人を喜ばせよう」という意識をもつことも大切です。

第3章

〝カメ的〟生き方に学んでみる

ウサギとカメどちらが速いのかということになり競争した、
イソップ童話でも有名な『ウサギとカメの競争』っていうお話。
さてさて、この『ウサギとカメの競争』ですが、
最初に「競争しよう」と言い出したのはウサギとカメのどちらでしょうか？

答えはカメです。

「♪～なんとおっしゃる、うさぎさん。そんならおまえとかけくらべ～♪」

私は講演会でよくこの話をするのですが、皆さんにこの質問をすると、「ウサギ」って答える方のほうが多いんです。なぜでしょうか？

それは多くの人が、負けるとわかっている勝負を、カメが自ら挑むはずがないと思うからです。

でも私が言いたい「5%の人」の力や、心の〝上〟の生き方って、まさにこのカメ的な生き方なんです。誰かに何か言われたからってやめない。コツコツと自分の生き様を一歩一歩、歩いて行く。〝儲《もう》かる〟が先じゃないんです。自分自身が楽しい、自分自身が良いと思うからやるんです。

私が「読書のすすめ」という本屋を始めようとしたときに、ずいぶん、まわりから反対されました。先にも触れましたが、書店経営の専門コンサルタントの方には、「こんなへんぴなところで書店をやっても儲かりませんよ。まぁ、エッチ本の専門店でもつくるなら話は別ですけど」なんて言われてしまいました。

私はこの言葉で、逆に心に火がつきました。「よし、やってやろう!」って。そして、今の「読書のすすめ」があるわけです。

中道の道を走れ！

日本一のお茶の先生で、私の人生の師でもある吉田晋彩《よしだしんさい》先生に、あるときこんなことを言われました。

「中道の道を走りなさい！」

これはどういう意味かと申しますと、春には春の真ん中がある。夏には夏の真ん中がある。秋にも、冬にも。そして、春には春、夏には夏の喜び方があって、それを目いっぱい楽しむのが中道の道なんだということです。

人はよく、「夏は暑くて嫌になっちゃう」とか「冬は寒くて嫌いだ」って言いますけど、どんな季節にも、常にその一瞬、一瞬に楽しむべき瞬間が必ずある。それを楽しむ生き方が、中道の道なんですね。

お茶の世界でも、お花や掛け軸など、茶室をその季節ごとに変えます。そうしてその季節を味わうわけです。

また中道とは、太極の中にある小さな点だと考えることもできます。

陰陽太極図にはそれぞれ、黒と白の小さい丸があります。

これはそれぞれ、陰中の陽、陽中の陰といって、初めは小さな点ですが、それがやがて大きくなって、反転する。そうしながら陰と陽はバランスを永遠にとっていることを示すのがこの陰陽太極図なのです。

この点がまさに〝5％の力〟なんです。太極とは究極の根源を意味し、その中にある点（5％の力）は、最初は小さな存在だったのが徐々に大きくなり、やがてそれが太極となっていく――。

大衆の意識は善か悪か、正しいか正しくないかの二元論に陥りがちです。なんでも白黒つけたがるのです。しかし陰と陽の関係は、どちらかが正しいというものではなく、対立もせず、常に調和の方向を向きながら変化し、バランスをとっているのです。

「中道の道を走れ」とは、どんな状況においても、それを楽しむべきポイントが必ずある。それはどんなに小さくても、そこに注力していれば、いずれ必ずそれが大きな力になる、ということだと私は考えています。

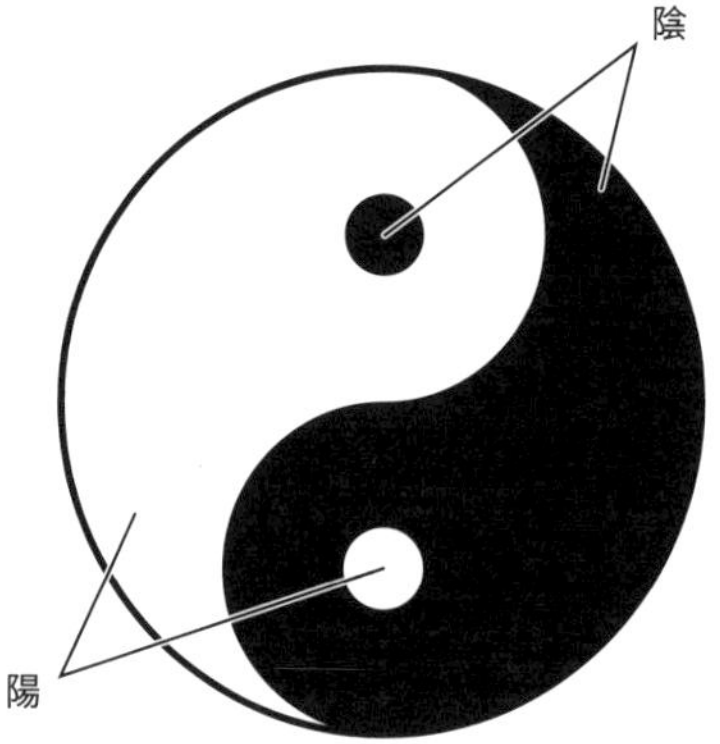

【陰陽太極図】
古代中国で流行して道教のシンボルとなり、世界中に広がった。韓国の国旗や企業のロゴなどにも使用されている。
黒色は陰、白色は陽を示す。黒い丸、白い丸はそれぞれ陽中の陰、陰中の陽を示し、陰中の陽はやがて大きくなって陽に転じ、同時に陽中の陰も大きくなり陰に転じる。この永遠のくり返しをあらわしているのが陰陽太極図である。
『全脳力』七田眞著、七田厚監修より引用

『少女パレアナ』に学ぶ心の段階

最近「読書のすすめ」で飛ぶように売れている本があるんです。

それは『少女パレアナ』という作品です。「愛少女ポリアンナ物語」というタイトルでテレビアニメ化もされましたので、ご存じの方も多いでしょう。

1913年にアメリカで出版され、すでに100年近く経ちますが、いまだに多くのファンをもつ作品です。

この物語の主人公、パレアナは早くにお母さんを亡くし、お父さんと2人で暮らしていました。あるクリスマスの日、ぬいぐるみがプレゼントされるはずが、何かの手違いで松葉杖《まつばづえ》が彼女のもとに届きます。

ぬいぐるみが届くのを楽しみにしていたパレアナは、当然がっかりします。そのときお父さんが、「パレアナ、この現象をどうやったら喜びに変えられるかっていう、ゲームをしてみないか?」ってもちかけるんです。

人間ってテストや試験は嫌ですが、ゲームとかクイズっていうと急に楽しくなりますよね。

パレアナは少し考えて、「松葉杖がいらない私は、丈夫な足があるからうれしい」と答えます。こうして、2人の生活はとても貧しかったけど、何かつらいことがあるたびに、どうすれば喜びに変えられるかっていうゲームをして、その困難を乗り越えていきました。

しかしパレアナには、さらなる困難が待ち構えていました。最愛のお父さんまでも亡くしてしまうのです。

このとき、パレアナはどうしたかというと、お父さんから教えてもらった喜びに変えるゲームで、この困難を乗り越えました。

パレアナがこの困難を乗り越えられたのは、お父さんと2人、日々の生活の中で、〝どうすれば喜びに変えられるかゲーム〟という名の訓練を積んできた結果だと私は思うのです。

先に紹介した司馬遼太郎さんの言葉にもあるように、このような物事に対しての感じ方は、訓練をしないとなかなか身につきません。だから私たちも、日々の何気ない生活の中にも、パレアナのような、〝喜びに変えるゲーム〟という名の訓練を心がけなければなりません。それが心の〝上〟を育てる道なのです。

どうすれば喜びに変えられるか？

忘れないでください。

コツコツと続けていると

さらにパレアナの物語を見ていきたいと思います。

お父さんと死に別れたパレアナは、親戚《しんせき》のおばさんに預けられます。そのおばさんというのが、40歳ぐらいの独身で、お金はたくさんもっているけど、いつもイライラしていて、人を信用しないような人なんです。

ところがパレアナは、なんでも喜びに変えるので最初、みんなから「この子、変な子ね」って見られるんです。これはまさに、パレアナは〝5％の人〟で、そのま

わりは〝大衆〟という図式なんですね。大衆は5％の人を見て、

〝変な人〟と思います。

歴史に名を残した5％の人たち。たとえば坂本龍馬とかエジソンとか。この人たちも、最初はまわりから変な人に見られるんです。でも、当の本人は、そんなことをまったく気にしません。だって、本人たちはそれが正しいと思っていますし、何よりも楽しいのです。まさに〝カメ〟的生き方で、コツコツと続けていくわけです。そうしてパレアナは、頑固だったおばさんはもとより、町中の人たちの心までも変えていきます。

私にもこんな経験があります。

大学生のとき、私は柔道部に所属し、オリンピックを目指していました。入部当初、1年生部員は100人ぐらいいたのですが、このほとんどが、こわ～い勧誘を受けた（笑）、半ば強制的に入部させられたような人たちなんです。

私はその中に混じって稽古をします。柔道場は校舎の5階にあったのですが、エ

レベーターなんて使いません。それだけでなく、階段を片足跳びで上がります。しかも3往復。昼休みなんかには、ベンチプレスをやります。決して先輩に言われたからではありません。目指すはオリンピックですから、苦にもなりません。〝カメ〟的にただコツコツとやるだけです。

最初は同じ1年生部員たちから「清水は変なヤツだ」って見られていました。でも、私が3年生になり、主将に選ばれた頃には、みんなが私と同じことをしていました。もちろん、私が「やれ」と言ったわけではありません。みんなが自発的にやるようになったのです。

結果的にオリンピックの夢は果たせなかったものの、このときの経験は今も私の中で大きく役立っています。私だけではなく、同じ柔道部員の仲間たちも、大学卒業後に会ったときに必ずみんなが口にするのは、このときの経験があるから、社会人になってからも、どんなつらいことがあっても耐えられるということです。

〝5％の力〟でコツコツと〝カメ〟的に続けていれば、必ずまわりも変わってくるのです。

まずは人を喜ばせようよ！

〝5％の人〟は目立ちます。しかし、自ら目立とうとはしません。

これに対して、自ら目立とうとする人たちがいます。この違いは何でしょうか？

自ら目立とうとする人たちがよく使う言葉に〝Win-Win〟というのがあります。

お互いに「ウイン（勝つ）―ウイン」な関係になりましょう、ということですが、
私はあまりこの言葉が好きではありません。そんな、〝ウイン―ウイン〟って壊れた扇風機じゃないんだからって思っちゃいます（笑）。

5％の人たちは相手がウインになることが楽しいからやります。決して見返り（相手からのウイン）を期待してやるのではありません。

私のお店には、著者の方から「本を置いてください」とか「（自分の）本を紹介してください」という電話やメールがたくさん入ります。とくに「エチカの鏡」というテレビ番組に出演してからは、その件数が激増しております。なかにはいきなり、たくさんの本を送ってきて、「お店で売ってください」という人もいるほど。

私は本を売らせていただいている立場の人間ですので、あまりこのようなことは言いたくないのですが、私のお店は40坪ほどの広さです。本を置くスペースにも限りがあります。たとえば、ひとつの商品を並べるためには、ひとつの商品を店先から外さなければなりません。もし、新しく並べた商品が、外した商品より売れなければ、そこには機会損失が生まれます。実際、私はこのようなことを考えて商品を並べているわけではないのですが、事実はそうです。

〝我が、我が〟と自分の利益だけを主張するのは心の〝下〟です。Win-Winで「私が得をしたらあなたにも得をさせてあげるよ」というのは、心の〝中〟です。これに対して、自分がそれを正しいと思い、誰かが喜んでくれることがうれしいからやる。決して見返りを求めてやるわけではない。これが自然にできるようになれば、心の〝上〟です。

しかし、いきなりこの域に達するのは難しいです。いわば、達人技ですから。

ではどうすればいいかと言いますと、人間ですから見返りを期待するぐらいはいいのです。ほんの少しぐらい〝下心〟があってもいいから、「まずは人を喜ばせよう」ということです。それで、見返りがなくてもがっかりはしない。もし見返りがなければ、「次はもっと、人を喜ばせよう」とコツコツと、〝カメ〟的な努力をする。これが心の〝上〟へ向かう訓練なんです。

それと〝Win-Win〟も決して悪い言葉ではありません。私はこの言葉を〝思いやり〟と訳します。要は、この言葉を使う人が、他人によって態度を変える人か、そうでないかで、この言葉をどういう意味で使っているのかがわかるのです。

影響力という武器をもとう

自分から目立とうとするのは心の〝下〟や〝中〟です。そうではなく、自分のやっていることが、自然とまわりに対して影響力を及ぼして、その結果として目立ってしまうのが、心の〝上〟であり、5%の力です。

この5%の力は、いわば〝影響力の武器〟です。正しいことをやるために、どうしても必要なものです。

私が「読書のすすめ」という本屋を始めたばかりの頃のことです。

ある大手出版社の新刊本を、その本が出る前に、予約注文で100冊ほど取りました。出版社さんにも喜んでもらえるだろうと、少し期待しながらその出版社さんに電話をすると、

「減数されますので、そのときはご了承ください」

って言われたんです。私は意味がわかりませんでした。

その結果、発売日に届いたのはたった1冊だけです。愕然《がくぜん》としました。

返品の可能性がある、委託取引注文ならわかります。そうではなくて、すでにお客様からご注文をいただいた、買切注文にもかかわらずにです。

私はこのことがあって以降、〝影響力の武器〟を身につけなければと、強く思うようになりました。そうしなければ、大切なお客様に本を満足に届けられないからです。「読書のすすめ」という本屋が影響力をもっていれば、先の出版社もそのような態度はとらなかったと思います。

だから私は、

マスコミの取材には喜んで応じます。

でも本音を言えば、テレビにはあまり出たくありません。すごく緊張しますし、あまり顔が売れると恥ずかしいですから（笑）。先日もテレビの生番組に出演しました。収録ですと間違えても後で訂正や、やり直しがききますが、生放送の場合だと、私の言った言葉はそのまま全国の何万人という視聴者に届いてしまいます。失敗はできません。ですからすごく緊張しました。

そのとき、私は考え方を少し変えてみました。「私ががんばれば、いつもお世話になっている出版社の方々や読書普及協会の仲間たちが喜んでくれる」と考えるようにしたのです。つまり、〝失敗したら私が恥ずかしい〟ではなく、〝成功したらみんなが喜んでくれる〟に変えたのです。そうすると、自然と緊張感がほぐれ、生放送に対してワクワクしながら挑むことができました。

また着る服もそうです。私はファッションというものに興味がないのですが、明るく、きれいに見える服を着るようにしています。もし私が暗く、汚い格好をしていたら、お店の商品までそういうふうに見えてしまうからです。

着る服も、知名度も、自分のためではなく、相手のために身につける。これが、心の〝上〟の影響力です。

心の上下と肩書きの上下

面白いもので、心が〝上〟に行くと、肩書きの上下を気にしなくなります。逆に心が〝下〟だと、肩書きの上下を気にしてしまいます。

「読書のすすめ」にはさまざまな方が来られます。お会いしていきなり、自分の肩書きはこうで、こんなすごいことをやってるんですよ、みたいなことを言う人の話は、たいてい、面白くありません。それに対して、すごい人は本当に偉ぶらないし、謙虚です。

「実るほど、頭《こうべ》をたれる稲穂かな」という言葉がありますが、この言葉を聞いたときに、すぐに思い浮かぶ人がいます。右脳教育で有名な七田眞《しちだまこと》先生です。七田先生は、全国に400教室以上ある七田チャイルド・アカデミーの校長であり、数々のベストセラーを出された有名人です。でも偉ぶるところがまったくありませんでした。

七田先生が出演されている、いろんなイベントや講演会の会場で、本の出張販売をさせていただく機会がたびたびありました。そんなとき、七田先生は必ず私たちが本を販売しているところまで来られて、「いつも本を売っていただきありがとうございます」と深々と頭を下げられるのです。それは私だけではなく、アルバイトの店員にも同じ態度で接するのです。そしていつも、たくさんの本を買っていかれました。

七田先生の人に対する姿勢、そしていつも学ぶ姿勢には、本当に頭が下がります。七田先生は残念なことに、2009年の4月にお亡くなりになりました。でも、その後を継いだ七田《しちだ》厚《あつし》社長とその後何度かお会いして、お話しする機会がありました。そのとき感じたのは、七田式の教育だけでなく、七田先生の生き方までも、ちゃんと受け継いでおられるのだなということです。

このように心が〝上〟の人は、決して人によって態度を変えたりしません。

江戸時代には、人とは3回会って、初めて名前と年齢や仕事を聞いてもよいという習慣があったそうです。それは、最初に年齢や仕事を聞いてしまうと、上下関係ができてしまうからという、思いやりの気持ちなんですね。

仕事には、責任の上下関係はあっても、価値としての上下はありません。総理大臣には総理大臣の役割があるし、私には一書店員としての役割があるわけです。どちらが偉いかなんて、私には関係ありません。

歴史に参加しているという意識

私はお店に来た若い人たちによく、「歴史に参加している意識をもっているかい?」って尋ねます。

私たちが今こうして便利に生活できるのは、先人たちが努力をして、国の発展、技術の発展に努めてくれたおかげなのです。私は普段、ペットボトルのお茶をよく飲みますが、これだって昔なら、自分で沸かしてお茶をいれて、水筒に入れなければばなりませんでした。昔は遠く離れた人と連絡を取るのは大変でしたが、今では携帯電話がありますから、瞬時に世界中の人たちとコミュニケーションを取ることができます。

私たちが先人のおかげで便利で平和な生活ができるように、今の私たちの仕事が、これからを生きる人たちにとっての、平和や便利につながっていきます。これこそが、「歴史に参加している意識」です。

経営の神様と言われる松下幸之助さんが、創業して間もないころのエピソードにこのような話があります。その頃の彼の会社は、汚いバラック（一時的に建てた粗末な建物）のような工場でした。そこで出荷前の電球をつまらなそうに磨いている社員を見つけては、彼らの横に行って、「君の仕事はええ仕事やなぁ」と言ったそうです。

社員は「何が〝ええ仕事〟だ。ただ電球磨いているだけじゃないか」と思います。それに対して松下幸之助さんは、こう答えたそうです。

「君の電球はな、どこで光るかあんた知ってるか？　たとえば子どもたちがな、絵本を読んでいたとする。外が暗くなると、家の中はもっと暗くなるわ。そしたらどんな物語も途中で絵本を閉じなあかん。でも、あんたの電球1個あるだけで、子どもたちのドラマは続行や。あんたは電球磨いてるのやないで。子どもたちの夢を磨いているのんや。子どもたちの笑い声が聞こえんか？　モノづくりはモノつくったらあかん。モノの先にある笑顔を想像できなかったら、モノをつくったらあかん」

また別の社員の横に行っては、こうつぶやきました。

「君の電球な、夜遅くに暗くて婦人方が安心して歩けない細い路地をあんたの電球1個あるだけで、『ここ通れるようになったね。遠回りしていたのに』となる。その笑い声が聞こえんか？　わしにはいつもその笑い声が聞こえる。わしらは電球を磨いているんやない。人の夢や心を磨いているんや。この関西に、いや日本に、世界にこの電球を灯《とも》そう」

この話を聞いた社員は、自分の仕事に誇りをもつことができ、楽しく仕事ができるようになりました。この松下幸之助さんの仕事に対する考え方こそが、松下電器（現パナソニック）を世界的な企業へと発展させた原動力なのです。

私たちは日々、自分たちの仕事が多くの人たちの幸せにつながっていることを意識しながら、コツコツとたゆまぬ努力を続けていかなければなりません。

夢は背中で語るもの

「読書のすすめ」に来られて、自分の夢を語っていかれる方が多くいます。たとえば、ある若者が突然やってきて、「ボクの夢を聞いてください。ボクの夢は美容院を経営することなんですけど、美容で日本を変えようと思ってるんです！だからボクを応援してください‼」って言うんですが、正直なところ、私はこれってかっこ悪いなって思います。こういう方たちの中には、「どう？　私って偉いでしょ！　かっこいいでしょ！」って言って、自分の自己満足で終わってしまっている人たちが多いのです。

でも本気の5％の人たちは、

こんなことを言いません。

たとえば先に紹介した植松努さん。彼はロケットの開発をたった1人で始めました。決して初めから、誰かの援助があったわけではありません。でも植松さんはコツコツと〝カメ的〟努力をしたのです。そうすると、北海道大学でロケットエンジンの研究をしている永田《ながた》教授がそのうわさを聞きつけて、協力を申し出てくれたんだそうです。植松さんは、「永田教授との出会いがなければ、このロケットづくりは成功していなかったと思います。これは神様がくれたご縁だと私は思っています」と言います。

私もそうです。「読書のすすめ」という書店経営を始めて間もないころ、1人の紳士が本を買いに来てくれました。斎藤一人さんです。私は一人さんが、毎年、高額納税番付に名前が載るほどの大金持ちとは知りませんでしたから、いつもと変わらない調子で本をすすめていました。すると、「この前すすめてもらった本、すごく面白かったから、1000冊ちょうだい」って言うんです。私は初め、冗談かと思いました（笑）。また、一人さんとの出会いがきっかけで、多くのすばらしい方たちとの出会いを得ることもできました。

自分が信じてワクワクすることを、〝カメ的〟努力でコツコツやっていれば、必ず誰かがそれを見ていてくれます。そして、同じ思いをもった人が必ず現れるのです。だから、夢を口先で語るのはやめましょう。同じ語るなら、あなたの背中で語ってください。口から嘘は語れても、背中で嘘は語れませんから。

信じることが大きな力になる

それと最近「読書のすすめ」に来られる方で多いのは、「私は自分に自信がもてないんです」という方です。こういう人たちの話を聞いてみると、たいていは誰かと自分を比べているんですね。でも人間は、比べだしたらきりがありません。

たとえば、中学で勉強をがんばって1番になったとします。そしたら上の高校を目指しますよね。その高校には、中学のときに優秀だった子たちばかりが集まります。その高校でもがんばって1番になって、今度は東大を目指したとします。今度は全国の優秀な子たちと競争しなければなりません。それで東大に入ったとしても、東大は世界の大学ランキングで22位（２００９年度）なんです。上には常に上がいるのです。

他人と比べても、自分の良さが変わるわけではありません。どうせ比べるなら、昨日の自分と比べて、少しでも成長できるようにがんばりましょう。

そのために、まずは自分を信じることです。

信じることほど大きな力はありません。疑う力の何倍も、信じる力は強いのです。私はこれを、ある経験で学びました。それは書店経営を始める前のことです。その当時、私はコンビニで働いていました。ある日、私の上司に「あの子、万引きしたから捕まえてきて」って言われたから行ったんですね。そしたらそれが、間違いだったんです。その夜、その子の親から電話がありました。

「てめぇ、ウチの息子に人前で恥をかかせやがって！　謝りに来い!!」

それで翌日の朝、9時にそのお宅に伺ったら、その子のお父さんというのが、怖い商売の方だったんですよ。このときは正直、ビビりました(笑)。でも話の筋の通った方で、「万引きされたらおまえの負けだ。万引きされる前に、阻止するのがおまえらの勝負だろう」って言われたんです。

私はその後、万引きに対する考え方を大きく変えました。もし店内で、不審なそぶりを見せる子がいたら、私はその子に話しかけたりして、友達になる努力をしました。すると面白いもので、万引きの数は激減しました。

自分に対しても、人に対しても、疑ったり、比べたりしたら、きりがありません。こんな世知がらい世の中だからこそ、まずは信じることからスタートさせていきましょう。

水のように生きる

5％の力を身につけた人たちは、まわりに左右されずに自然体で生きています。それはまさに〝水〟のような生き方です。

ここで水にまつわるふたつの詩をご紹介します。

ひとつ目は昭和の名僧、山田無文《やまだむもん》大師の言葉です。

『水のごとくに』

水のごとくよどみなくさらさらと流れたい。
どんな良いことがあっても、どんな悪いことがあっても、
うしろをふり向かずに、前へ前へ、さらさらと流れたい。

左右の岸にどんな美しい花が咲いておっても、
どんなに楽しく小鳥が鳴いておっても
その美しさをほめながら、その楽しさをよろこびながら、
足ぶみせずに流れよう。

流れる水は凍らぬとか。

流れる水は腐らぬとか。
それが生きておるということであろう。

田畑をうるおし、草木を養い、魚を育てながら
決して高きを望まず、低い方へ低い方へ、
水の流れる如く、わたくしも流れたい。

それともうひとつは『水五則』です。
作者は不明で、黒田如水《くろだじょすい》とも、王陽明《おうようめい》とも言われています。

『水五則』

第一則　みずから活動して、他を動かしむるは水なり

第二則　常に己の進路を求めて止まざるは水なり

第三則　障害にあって、激しくその勢力を百倍し得るは水なり

第四則　みずから潔《いさぎよ》うして、他の汚濁を洗い、清濁合わせ容《い》るる量あるは水なり

第五則　洋々として大海を満たし、発して霧となり、雨雪と変じ、霰《あられ》と化す、凍っては玲瓏《れいろう》たる鏡となり、しかもその性を失わざるは水なり

集めた力と絞った力

〝集めた力〟と〝絞った力〟。皆さんはどちらが強いと思いますか？

まずは〝集めた力〟を見ていきましょう。

力をたくさん集めてくるわけですから、これはかなり強そうです。しかし、頭の

いい人たちを集めただけで、そこからすばらしい知恵が出てくるかといえば、そうではありません。家を建てるのに、人をたくさん集めれば集めるだけ早く建つかというと、やはり家を建てるのには適切な人数というものがありますから、多いとかえって邪魔になるだけです。

それでは人類の歴史の中で、最も人の力を集めてやったことって何でしょう？

それは戦争です。

これまでの歴史の中で最も大きかった第二次世界大戦では、世界の61の国が参戦し、総計で1億1000万人が軍隊に動員されました。これに費やされたお金は、主要参戦国だけで、総額1兆ドルを超える膨大な金額になります。そして、犠牲になった死者の総数は約5500万人。そのうち、婦女子を含む一般市民の犠牲者は3000万人にも上ります。

これだけの規模で、これだけの人数が参加し、これだけのお金を使って、これだけの犠牲を出して得られたものって何でしょうか？

これに対して、〝絞った力〟を見ていきましょう。

私たちが今、平和に、便利に現代の英知を享受できるのは、先人たちの汗と努力のおかげです。

発明王と呼ばれたトーマス・エジソンは、電球をつくるために、何千回にも及ぶ失敗を繰り返しながら、電気を光に変える、フィラメントになる物質を発見しました。

細菌学者の野口英世《のぐちひでよ》は、貧しさや、幼いころに事故で負ったハンディキャップを克服し、病気のもととなる細菌の発見に寄与し、その生涯を黄熱病《おうねつびょう》の撲滅に捧《ささ》げました。

キング牧師の名で知られる、マーティン・ルーサー・キング・ジュニアは、人種差別のない世界を訴え、暗殺されてしまいます。しかし彼の意志は受け継がれ、死後40年にして、アメリカで初めての黒人系であるオバマ大統領が誕生しました。

これらの歴史に名を残した偉人たちは皆、さまざまな困難を乗り越えながら、自分のもてる力を振り絞ってきました。それにはもちろん、まわりの協力もあったと思うのです。しかしそれも、1人の人間が、力を絞り切る姿に影響されたからだと思うのです。

人が生まれてくるのは偶然ではありません。そこには必ず意味があるのです。

人は１人では生きていけないから、誰かが誰かの助けを待っているのです。どんなに小さな組織でも、人が活《い》かされる場所が必ずあります。

それが見つからなければ、まずは目の前のことに全力であたりましょう。

そこにコツコツ、コツコツと〝カメ的〟努力を積み重ねる。

そして、自分の力を絞って、絞って、絞り切る。

絞り切るところに、人の活かされる道は必ずあるのです。

第4章

こんなヤツが「5%の人」なんだ!

坂本龍馬の生き方に学ぶ

さて本章では、5％の人の代表として、2人の人物にスポットを当てていきたいと思います。

その1番目は坂本龍馬です。

私は、坂本龍馬には多大な影響を受けました。

大学生の頃、将来〝警察官〟になることを目指し柔道をして、一心に体を鍛えておりました。しかし大学2年生のときに、たまたま時間があいて、ぶらりと入った本屋で司馬遼太郎の『竜馬がゆく』を手に取ったことで、私の将来の夢ががらりと変わってしまったのです。

「オレも、龍馬みたいに、もっと自由に生きてみたい。商人になって、自分の力で世の中を動かしてみたい！」

そう思ったときの自由でワクワクする気持ちは、今思い出しても力が湧いてきます。

それからも折に触れて『竜馬がゆく』を読み返し、すっかりその気になった私は、商人の道に進むため、まず大手のコンビニエンスストアに就職しました。ほどなく店長になり、チェーン店らしからぬ独自の工夫を生かしてコンビニ業を楽しむこと10年。その頃、柔道部の先輩から「今度マンションを建てるから、おまえ、その1階のテナントに入って何かやれ！」と言われまして、柔道部時代のくせで条件反射のように「はい！」と答えてしまった私は、ついに自分の店を開くことになったのです。

さて、どんな商いをやろうか？

そのときやはり、頭をよぎったのが『竜馬がゆく』です。あんなふうに、夢中になって読めて、元気になったり、人生の参考になるようなすごい本をお客さんに紹介しつつ商いができたら、こんなに楽しいことはないだろうと思ったのです。

それからあっという間に14年が過ぎ、今や、私の書店は小さいながらも「山椒《さんしょう》のようにピリリと辛い」、ちょっと生意気な、変わった本屋として、日本全国からお客さんに足を運んでいただけるようになりました。

〝三方よし〟という考え方

坂本龍馬は南国土佐、今で言う高知県の城下町で、下級武士の次男として生まれ育ちました。

幕末の時代、身分は士農工商に分かれ、士族をもって最上とされていました。逆にいちばん低い身分が商人です。でも高知城下は賑《にぎ》やかで、町人も下級武士も一緒になって大らかに暮らしを楽しんでいたといいます。

そんな中で龍馬は、武士の家でありながら商家と地続きの家に育ちます。そのためでしょうか、龍馬は発想の端々に〝商人感覚〟をもっていたのです。

商人には〝三方よし〟と言われる考え方があります。〝三方よし〟とは、「相手よし、自分よし、世間よし」の道が、商売を開き発展させるというもの。私は龍馬という人間は、この〝商人感覚〟を自分でも意識することなしに自然と獲得し、発揮した希有《けう》な存在だと思っています。

龍馬の時代、知識階級と言われた武士の間で主流だった哲学は「武士道」に基づいたものでした。この思想が堅固であったため、日本は黒船来航以降、どんなに外国に脅されても毅然《きぜん》として対応し、植民地化されることなく、自力で維新革命を遂げられたといいます。江戸時代中期に書かれた『葉隠《はがくれ》』に記された有名な一節の「武士道と云ふは死ぬ事と見つけたり」にもあるように、潔い死を迎えるための美学がそこにはあります。ただ、ときに人に白黒を迫ったりして、追いつめてしまうような、悪い面もありました。

その「武士道」の良いところだけをとって、さらにそこに〝商人感覚〟を生かしたのが龍馬です。商人感覚とは、私の思うに、

「よく人を活《い》かすことと見つけたり」

とでも言いますか、常に相手を活かし、〝何かを生み出すこと〟にこだわって案を練るのです。〝三方よし〟の発想ですから人を追いつめることもありません。相

手にとっても自分にとってもうれしくて、さらに国のためにもなる、一歩上を行く〝第三の道〟を選ぶことができる発想です。

後年、龍馬は次々と新しい事業を思いついたり、平和主義に基づいた革命案を中心となって推し進めたりするようになっていきますが、その発想は、他の武士からも出そうで出ないものでした。一本気な武士が多い時代に、龍馬が出す〝第三の道〟の案はさぞ奇策に見えたに違いありません。

あなたも、もし会社で、仕事で、アイディアを出すチャンスがあったら、ぜひこの〝三方よし〟の方策を探すことに知恵を絞ってみてください。そこにはきっと希《き》代《たい》の妙案がひそんでいますよ。

わが行く道はわれのみぞ知る

5％の人たちの生き方というのは、最初、なかなかまわりには理解されません。

とくに日本の教育は、個性よりも協調性を重視してきました。

明治以降の日本は、先進国に追いつけ、追い越せを目標にしてきましたから、みんなが同じ意識で、同じ目標を掲げる必要がありました。日本人はもともと勤勉で、和を尊ぶ意識が高いので、あっという間に、先進国に追いつきました。確かに、同じ品質のモノを大量に早くつくるためには、協調性はとても大切です。みんなが個性を出して、「オレはこの方法がいいからこの方法でやる」なんてやると、まとまりがつかなくなってしまいますからね。

しかし、何か新しいことを生み出していくためには、個性というのはとても大切な要素です。

何か新しいことをしようとすると、必ず、それに反対する人が現れます。これは、95％の大衆の意識なんですね。先にも紹介しましたが、私が書店を始めようとしたときも、多くの人に反対されました。「そんなところで本屋をやったって、成功するわけない」って。さらに私が書店を始めて数年後、駅前に準大手チェーン店系列の書店ができました。

まわりの人たちは、「大きなチェーン店にはかなわない。サービスでも負けてしまうんだから……」なんて言います。でも私は自分の得意である「知る人ぞ知る、良い本を探し出しておすすめする」という部分に力を絞り、どんどん良い知恵を出していきました。そのほうが、自分のためにも、お客さんのためにも、世の中のためにも良いと考えたからです。もし私がまわりの意見に左右されて従っていたら、とうに店はつぶれていたと思います。

何か新しいことを始めようとすると、必ずそれに反対する人が現れます。これは向かい風です。これに対して心という羽を上に向けると、〝ふっ〟と上に行けます。そうして上昇気流に乗ることができるんです。

だからもしあなたが新しいことを始めて、

「そんなの普通じゃないよ。うまくいくわけないよ」

なんて言う人が現れたら、ニヤリと笑って拍手してくださいね。それは上昇気流に乗るチャンスです。

もしこの向かい風に負けそうになったら、龍馬の言葉を思い出してください。

世の人は我をなにとも
ゆはゞいへ
我がなすことは
我のみぞ知る

人を信じ、支える人になろう

ところで、龍馬といえども、最初から自分に自信をもっていたわけではありません。

有名な話ですが、龍馬は12歳になっても寝小便をする癖が治らず、近所の子どもたちから「坂本の寝小便たれ」とからかわれていました。それに対して龍馬は気が弱くて言い返すことができずに、すぐ泣いていたといわれています。よくいじめられて泣きながら帰ってきたことから、近所では「坂本の泣き虫」とか「洟垂《はな》れ」とも言われていたそうです。また、勉強もまったくできなかったようで、12歳のときに入った塾でも、師匠から「あの子は拙者には教えかねます。お手元で教えなされたほうがよろしかろう」と見放されてしまいます。

幕末に大活躍した英雄のイメージとは程遠いものですが、何が龍馬をそれほどまでに変えたのでしょうか？　そこには、たとえどんなに龍馬が人にからかわれようとも、その才能を信じて支えた1人の味方がいたのです。それが3つ上の姉、坂本家の三女、乙女《おとめ》でした。

歴史に名を残した偉人には、このような幼少期に不出来だったというエピソードを残す人が多いものです。発明王エジソンも、三重苦の人ヘレン・ケラーもそうでした。しかし、またこうした人たちには、龍馬でいう乙女の存在のように、その人を信じて支えた人がいたのも共通しています。エジソンには母が、ヘレン・ケラーにはサリバン先生がいました。何があってもこの人だけは自分を認め、信じてくれているという存在があるからこそ、人は自信をもって、独自の道を歩み始めることができるのです。

また、乙女は龍馬に、読み書きや水練、馬術に剣道、武士としてのあらゆる素養を教え込みました。こうした女性の柔らかい感性のもと、龍馬の才能は独創性をもって開花していったのです。

こうしたエピソードを聞くと「いいなあ、龍馬は……。自分はそういう人に恵まれなかったもんなあ」などと、ひがんでため息をつく方がいるんですが、そういう場合は、「誰かに自分を信じてほしい」と求めるのではなく、あなたが「誰かを信じてあげられる人」になってみてはいかがでしょうか。

信じるって難しいことですよ。

期待は全部捨てなくちゃなりません。「人は変えられない」のが大原則です。それでも「この人はこのままでいいんだ。このままを応援してあげよう」と、相手の100％を信じられるようになったとき、奇跡は起こるものです。

子育ての場面でもそうです。他の子と比べたり、平均的な〝普通の人〟と比べてみせて「おまえはだめだ」などと決して言ってはいけない。

「この子はどうも、普通の子みたいにはなれないようだ。でも普通と違うということはその分スケールの大きなところもあるのだ」と信じてあげることです。親が信じていると、その愛は子どもに必ず届きます。それが大人になったとき、大きく開花するのです。

仕事でも同じことが言えますね。自分が上司や部下を信じたからといって、向こうから同じものが返ってくるとはかぎりません。でも、もしあなたに本当に人を信じる気持ちがあるならば、その評価は、他のところからでも必ず返ってくるものです。

世間という〝殻〟をうちやぶれ！

龍馬が後年、乙女姉さんに送った手紙にこんな記述が見られます。

「此頃、みよふな岩に行かなぐり上りしが、ふと四方を見わたして思ふニ、扨扨《さてさて》世の中と云うものハかきがら計である。人間と云ものハ世の中のかきがらの中ニすんでおるものであるわい。おかしおかし。めで度かしこ」

（現代誤訳）

「この頃、妙な岩に行き当たり、しゃにむに上りました（チャンスを得て挑戦に成功＝脱藩を許され土佐海援隊長になったことのたとえか）。そこで四方を見渡すと、世の中は牡蠣《かき》殻ばかり。人間は世の中の牡蠣殻の中に住んでいるものですなあ。おかしいおかしい（狭い世界で広い視野もなく生きていることを皮肉っている）。めでたい。さようなら」

『龍馬書簡集』（高知県立坂本龍馬記念館）

私たちはいつしか、〝できない〟という思い込みの〝殻〟の中で生きてしまうことがあります。

しかし、それはただの思い込みに過ぎません。

龍馬は牡蠣のように固い〝思い込み〟の殻の中にいる人たちとは違い、自由な発想ができました。自分の〝好きなこと〟と、世の中の役に立つことを結びつけようとして、私立の軍艦塾を創設しようと思いつきます。そしてそのために、越前藩主の松平春嶽《まつだいらしゅんがく》に借金まで申し出るのです。普通に考えたら、一介の浪人が殿様に借金を申し出るなんてことは、頭の隅にも浮かばないことかもしれません。

でも、こう言ってはなんですが、私はこうした案は、当時の人なら本来誰でも思いつきそうなことだと思うんですよ。だって、諸外国が自分の国からはるばる軍艦でやってきて、「鎖国を解け」と迫っているんですから「ならば我々も、相手よりもっと良い軍艦をつくって、早々に乗りこなせるよう訓練しよう」と思いつきそうなものじゃないですか。

でも、誰も思いつかなかった。

もしくは、思いついても実行に移そうとしなかった。他の人たちは、天皇を守って外国を打ち払うか（尊王攘夷《そんのうじょうい》派）、幕府を助けて開国をするか（佐幕《さばく》開国派）の理論でまっぷたつに割れ、やろうとすることといえば「相手を倒すこと」か「相手より抜きん出ること」ばかりだったのです。

丸くとも一かどあれや人心
あまりまろきは
ころびやすきぞ

あなたも、固い牡蠣殻で自分をくるんではいませんか？　もしもあなたが「これをやりたいけど、でも、どうせ無理だろうなあ」などと思っているようなことがあるとすれば、それはあなたの思い込みでしかないことに気づいてください。

そして、龍馬の言葉を思い出してください。

師をもて、そして越えよ

龍馬には、勝麟太郎《かつりんたろう》（海舟《かいしゅう》）という師匠がいました。龍馬は一介の土佐藩士であるのに比べ、勝はその当時、権力絶大な幕府の役人。本来は共に仕事をするなどはなかなかありえないことだったかもしれません。龍馬はこの勝の弟子となることによって、飛躍的に視野が開け、敵味方の区別、身分などの区別なく、縦横無尽に活躍するようになるのです。

私にも、良い師匠との出会いが、どれほど視野を広げてくれ、どれだけ大きな推進力となるものか身にしみた経験がたくさんあります。高校時代には、日本一の茶人、吉田晋彩先生のお宅に居候させていただき、大学時代には当時日本一と言われた柔道の楠《くすのき》伸夫《のぶお》先生に教えを請い、さらに「読書のすすめ」を始めるようになってからは、日本一の商人の斎藤一人さんに商人魂をたたき込んでいただきました。これらのことは、どれほど感謝してもしきれることではありません。

人が何かを教えたくなるような、かわいい人間になりましょう。とくに若い頃はそれが大事です。もっとも、いくらすごい人に会ったからといって、その人のことを〝神様〟のようにあおいではいけませんよ。少し生意気なくらいでちょうどいい。

うちの店にはベストセラー作家の〝信者〟のようになっているお客さんがたくさんいらっしゃるんです。でも、その姿って、やっぱり格好悪いんですね。誤解を恐れずに言えば、ただの〝龍馬ファン〟も格好悪いです。

そうではなく、龍馬なら龍馬、師匠なら師匠の教えに、自分なりの工夫をプラスして、目標は高く、師匠を越える〝高み〟を目指してほしい。

人は必ず、最後は孤高の道を行くものです。すばらしい師に会えたのなら、なおさら、師を越える心意気をもって、師に学ぶことです。きっと勝海舟も、坂本龍馬という弟子が、幕府や藩の意識を越え、日本のためにイキイキと飛び回り、働いてくれたことを誰よりもうれしく思っていたことでしょう。それが私たちにできる、師匠への唯一の恩返しです。

人に〝白黒〟を迫らない！

龍馬が設立した、日本で初めての株式会社といわれる亀山社中には、龍馬の幼なじみである、近藤長次郎《こんどうちょうじろう》がいました。彼は饅頭《まんじゅう》の行商の身分から身をおこし、漢学、蘭学《らんがく》、英語も学び、藩から認められて武士の身分を賜ったという向上心の高い若者で、皆には〝饅頭屋長次郎〟と呼ばれていました。

社中での働きも秀でていて、亀山社中の他藩との外交を一手に引き受け、グラバー邸で船や新式洋銃を買いつけては長州に送ったりして、その功を長州の殿様の毛利《もうり》敬親《たかちか》にも喜ばれて拝謁《はいえつ》がかなったうえ、三所物《みところもの》まで拝領しています。のちの伊藤《いとう》博文《ひろぶみ》（俊輔）や井上馨《いのうえかおる》（聞多《もんた》）にも、その才を高く買われていました。

しかし、亀山社中の中での評判は悪く、その態度がいかにもスタンドプレーで、他の者と功を分け合おうとしないと、社中では好かれていなかったのです。

そんな長次郎がある日、〝英国へ渡るための密出国〟を、社中の誰にも内緒で長州藩にかけあい、認められます。

この時代の密航は命がけです。なかなか希望しても通るものではありません。また、密航するということは、そのまま社中を離脱することでもあります。

このとき長次郎が、もし普段から他の隊士たちとも仲良くしていれば、普通に相談もできたのでしょう。でも、そうでなくとも「ぬけがけ」だと陰口をたたかれている身、誰にも言えず、命がけで口をつぐむことにして、秘密裏に密航の準備を進めました。つまりはそれほど向学心も高かったのでしょう。

しかし、思い出に写真をとっておこうと思ったのが運のつき、それがきっかけで隊士一同に、長次郎の企みがばれてしまいます。運悪く、このとき龍馬は不在でした。

一同は、長次郎に厳しく切腹を迫り、彼1人を座敷に残してぞろぞろと町へ出ます。「逃げてもいいぞ。そのかわり、逃げたらおまえなど武士と認めん」と、白黒を迫ったのです。

長次郎は考えました。そうなった以上、密出国の夢は泡と消えてしまったでしょう。また逃げたところで「しょせんあいつは、武士ではなかったのだ。町人あがりだったのだ」と笑われて一生を暮らすことになる……。この若者が本当に賢ければ、見栄も恥も外聞もかなぐり捨てて、逃げたかもしれません。でも彼のプライドがそれを許さなかったのですね。結局、長次郎は切腹し、介錯《かいしやく》もなしに命果てました。「もし坂本さんがおれば……」、きっと彼は思ったことでしょう。

「自分も打ち明けたうえで英国船に乗っただろうに」

龍馬はこの一件を後で聞いて「つくづくかわいそうなことをした」と思ったといいます。じつは私にとって、龍馬の人生の中でも、最もよく思い出すエピソードこそ、この饅頭屋長次郎のことなのです。

「武士道」という思想には良いところもありますが、良くないところもあります。それは〝人に白黒を迫る〟というところです。白か、黒か、はっきりとものを言える人は、一見格好いいのでしょう。世間的にもその声は大きく聞こえます。でも、それは人を追いつめるものでもあるのです。

どんなときも〝人に白黒を迫ってはいけない〟。人を束ねるリーダーはなおさらのこと、このことを忘れてはいけないのです。

手柄を人に立てさせること

龍馬のすごいところは、歴史に残る大きな仕事をしながら、決してその手柄を自分のものだけにしなかったことです。

たとえば〝薩長《さっちょう》同盟〟。犬猿の仲だった薩摩藩と長州藩に、それぞれの利を説き、手を結ばせます。このとき、武器の調達や物資の運送での手数料は受け取ったものの、その功による恩賞などは受け取りませんでした。

その後、時勢はますます尊王攘夷に傾き、このままでは時代の流れに取り残されてしまうと危機感を覚えた土佐藩の高官、後藤象二郎《ごとうしょうじろう》は、龍馬に助けを求めます。

土佐藩は龍馬の出身藩ではあるものの、郷士という身分がゆえに、散々、つらい思いをさせられてきました。しかも後藤象二郎は、親友、武市半平太《たけちはんぺいた》を切腹に追いやった張本人です。

しかし、龍馬はこれに対して〝船中八策《せんちゅうはっさく》〟を起草し、〝大政奉還〟を土佐藩からの案として上程させます。そしてみごと、時の将軍、徳川慶喜《とくがわよしのぶ》によって上奏されたのです。

さらに龍馬は、新政府内で争い事が起こらないようにと、その人事についても草案をまとめ、それを西郷隆盛に見せたのです。その新政府の人選に龍馬自身の名前がないのを見て、

「尊兄《そんけい》の名が見あたらんが、どぎゃんしもしたかの」

と尋ねる西郷に、そばで見ていた海援隊の隊士で、後に外務大臣となり、不平等条約の改正に辣腕《らつわん》をふるった陸奥陽之助《むつようのすけ》（宗光《むねみつ》）が、のちのちまで人に語って聞かせたという、あの、有名なセリフが龍馬から発せられました。

「世界の海援隊でもやりましょうかな」

このときの龍馬は、あの西郷隆盛より、二枚も三枚も上の大人物に見えたと、陸奥は語ったそうです。

龍馬は八分までつめたあとで、二分は人に任せようとしました。といっても、すでに〝五箇条の御誓文〟の草案となる〝船中八策〟を起草して渡してありましたし、新政府の金の算段のために、その役にうってつけな福井越前藩の三岡八郎《みつおかはちろう》（由利公正《ゆりこうせい》）を訪ねて福井にまで行ったり、行き届いています。今と違ってメールも電話もない時代ですから、本人が足で訪ねて語り合うのが、いちばんの早道でもあったのでしょうが、それにしても大変な労です。

龍馬は早く平和な日本を実現して、あとは思うがままに世界の海を、軍艦で乗り回したかったのでしょう。龍馬が京都で、暗殺団により命を落としたのは、その数日後、33歳の誕生日のことでした。

私の思うには、龍馬には最初からなんとなく「いちばんいいのは、この国がこういう形になることなんじゃないか」という正解にたどりつく、細い糸のような道筋が見えていたのではないでしょうか。

私たちは、現代に生きる者です。幕末期のような流血のない、平和な日本を生きる者です。それって幸せなことだと思いませんか？

あなたも自分の中の細い糸を大事にしてください。「きっとこれが正解なんじゃないか」という糸は、あなたの中にもきっとあります。私もそうなんですよ。今までその糸に引っぱられてここまで来ました。

龍馬の人生は、いろいろなことを私たちに教えてくれました。あとの二分は、私たちのこれからの生き方や行動によって完成させなきゃいけません。龍馬の生き様や視点を自分流に改良して、これからもとことん活用しようじゃありませんか。

スティーブ・ジョブズの生き方に学ぶ

そしてもう1人、5％の人を紹介したいと思います。コンピューター・メーカーのアップルの創業者、スティーブ・ジョブズです。マッキントッシュやiPod、iPhone、iPadなど、市場を常にリードする商品をつくり続けている人です。またアニメ映画『トイ・ストーリー』などで知られる映画会社、ピクサーの創業者でもあります。

彼の生みの母親は若い未婚の大学院生で、彼のことは生まれたらすぐ養子に出すと決めていたそうです。彼を養子として引き取ったジョブズ夫妻は生みの母親に対して、彼を必ず大学まで行かせることを約束したそうです。

そして彼は大学に入学するのですが、入学から6か月も過ぎた頃には、その大学に対して何の価値も見出せなくなっていたそうです。自分が人生で何がやりたいのかわからず、それを見つける手助けを、大学がどのようにしてくれるかもまったくわからない。なのに自分は、親が生涯かけてためたお金を残らず学費で使い果たそうとしている。

思い悩んだ末、彼は大学を辞めることを決意しました。

〝すべてのことはうまくいく〟と信じて。

退学してしまった彼は、夜は友達の部屋に寝泊まりさせてもらい、コーラの瓶を集めては、それを1本5セントで換金してもらって食費に充てるなどして暮らしていました。

その当時を振り返って彼は、「そりゃ当時はかなり怖かったですよ。ただ、今こうして振り返ってみると、あれは人生で最良の決断だったと思えます。その当時、自分の興味と直感のおもむくままに身につけたことの多くは、あとになって値札が付けられないぐらいに価値のあるものだってわかってきたんです」と言います。

実際、大学を退学して普通の授業に出る必要がなくなった彼は、カリグラフィ（飾り文字）のクラスに通いました。そしてそれが、10年以上たって最初のマッキントッシュ・コンピューターを設計する際、大いに役に立ったのだそうです。

そのときのことを、アメリカのスタンフォード大学の卒業式に招かれた彼は、その祝賀スピーチの席上で、卒業生を前にこう話します。

「もし私が大学であのコースに寄り道していなかったら、マックには複数書体も字間調整フォントも入っていなかっただろうし、ウインドウズはマックの単なるパクリにすぎないので、パソコン全体で見回しても、そうした機能を備えたパソコンは地上に1台として存在しなかったことになります。

もし私がドロップアウト（退学）していなかったら、あのカリグラフィのクラスにドロップイン（寄り道）していなかった」

そしてさらにこう続けます。

「もちろん大学にいた頃の私には、まだそんな先々のことまで読んで、点と点をつなげてみることなんてできませんでしたよ。だけど10年後に振り返ってみると、これほどまたハッキリクッキリ見えることもないわけで、そこなんだよね。もう一度言います。未来に先回りして点と点をつなげてみることはできない。君たちにできるのは過去を振り返ってつなげることだけなんだ。だからこそバラバラの点であっても、将来それが何らかのかたちで必ずつながっていくと信じなくてはならない。

自分の根性、運命、人生、カルマ……何でもいい、とにかく信じること。点と点が自分の歩んでいく道の途上のどこかで必ずひとつにつながっていく、そう信じることで君たちは確信をもって己の心のおもむくまま生きていくことができる。結果、人と違う道を行くことになってもそれは同じ。信じることですべてのことは、間違いなく変わるんです」

敗北から学ぶジョブズの生き様

大学を中退したスティーブ・ジョブズはその後、高校生のころにヒューレット・パッカードの夏季インターンシップで働いていたときに知り合ったスティーブ・ウォズニアックと共に、会社を興します。たった2人で、彼の実家のガレージから始めた会社は、10年後には従業員4000人以上、年商20億ドルの会社へと成長しました。

20代でフォーブスの長者番付に名前を連ね、富と名声を得た彼は、さらに自分たちの最高傑作として、自他ともに認めるマッキントッシュ・コンピューターをつくり出したのです。

そんな絶頂期の30回目の誕生日を迎えた矢先に、彼は突然、自分がつくった会社、アップルからクビを宣告されます。なぜ自分がつくった会社をクビになったのかというと、彼の独創的な立ち居振舞いが社内の混乱を招いたとして、取締役会のメンバーを敵にまわしてしまったからです。

そのときのことを彼はこう語ります。

「自分が社会人生命のすべてをかけて打ち込んできたものが消えたんですから、私はもうズタズタでした。数か月はどうしたらいいのか本当にわからなかった。自分のせいで前の世代から受け継いだ起業家たちの業績が地に落ちた。自分は自分に渡されたバトンを落としてしまったんだ、そう感じました。

ところが、そうこうしているうちに少しずつ私の中で何かが見え始めてきたんです。私はまだ自分のやった仕事が好きでした。アップルでのイザコザはその気持ちをいささかも変えなかった。フラれても、まだ好きなんですね。だからもう一度、一から出直してみることに決めたんです」

こうして彼は、コンピューター・グラフィック・アニメ映画制作会社、ピクサーをはじめとする事業を立ち上げ、成功し、それがきっかけとなって、アップルへの復帰を果たすことができました。

人生には上り坂もあれば下り坂もあり、さらには〝まさか〟という坂もあります。このまさかの出来事というのは、その人にとって、精神的にも肉体的にもかなりのダメージを与える出来事であったりします。しかし、これはその人がさらに成長していくために用意された試練であり、これを乗り越えることで、その人にはすばらしい新たなステージが待っているのです。つまり5％の人たちは、この〝まさか〟のピンチをチャンスに変えることができるのです。

彼はこのときの出来事をさらにこう語ります。

「そのときはわからなかったのですが、やがてアップルをクビになったことは自分の人生最良の出来事だったのだ、ということがわかってきました。成功者であることの重み、それがビギナーであることの軽さに変わった。そして、あらゆる物事に対して前ほど自信もてなくなった代わりに、自由になれたことで私はまたひとつ、自分の人生で最もクリエイティブな時代の絶頂期に足を踏み出すことができたんですね」

確かにこの〝まさか〟という時期の途中はとてもつらく、大変な時期でもあります。しかし、だからこそ、本当に大切な人と出会えたり、気づいたりできる時期でもあるのです。実際彼は、この時期に出会ったローレン・パウエルという、すばらしい女性と恋に落ち、後に結婚しています。

この時期のことを彼は、先に紹介したスタンフォード大学の卒業祝賀スピーチの中で、卒業生に対してこう語っています。

「アップルをクビになっていなかったらこうしたことは何ひとつ起こらなかった。私にはそう断言できます。そりゃひどい味の薬でしたよ。でも患者にはそれが必要なんだろうね。人生には時として、レンガで頭をぶん殴られるようなひどいことも起こるものなのです。だけど、信念を放り投げちゃいけない。私が挫けずにやってこられたのはただひとつ、自分のやっている仕事が好きだという、その気持ちがあったからです。

皆さんも自分がやって好きなことを見つけなきゃいけない。それは仕事も恋愛も根本は同じで、君たちもこれから仕事が人生の大きなパートを占めていくだろうけど、自分が本当に心の底から満足を得たいなら進む道はただひとつ。自分がすばらしいと信じる仕事をやる、それしかない。そしてすばらしい仕事をしたいと思うなら進むべき道はただひとつ、好きなことを仕事にすることなんですね。まだ見つかってないなら探し続ければいい。落ち着いてしまっちゃ駄目です。心の問題と一緒でそういうのは見つかるとすぐピンとくるものだし、すばらしい恋愛と同じで年を重ねるごとに、どんどんどんどん良くなっていく。だから探し続けること。落ち着いてしまってはいけない」

〝死生観〟をもつということ

スティーブ・ジョブズは若い頃から禅や仏教に関心が高く、自らの精神的指導者として、禅宗の僧侶《そうりょ》、乙川弘文《おとがわこうぶん》を師とあおぎ、結婚式にも招待しています。

彼が17歳のときに読んだ本の中に、このようなことが書かれていたそうです。

「来る日も来る日も、これが人生最後の日と思って生きるとしよう。そうすればいずれ必ず、間違いなくそのとおりになる日が来るだろう」

この言葉は彼に強烈な印象を与えました。それ以降、彼は毎朝鏡を見て、自分にこう問いかけることが日課になりました。

「もし、今日が自分の人生最後の日だとしたら、今日やる予定のことを、私は本当にやりたいだろうか？」

そして、その答えに対して〝NO〟の日が続いた場合、そろそろ何かを変える必要があると悟るのだそうです。

人は必ずいつか死にます。早いか遅いかという違いはあっても、人は皆生まれた瞬間から死に向かって生きていくのです。だからこそ、この限られた命をまっとうし、すばらしい人生を送るためには、〝正しい死生観〟をもたなければなりません。

彼は自身の死生観について、こう語ります。

「自分が死と隣り合わせにあることを忘れずに思うこと。これは私がこれまで人生を左右する重大な選択を迫られたときには常に、決断を下す最も大きな手掛かりとなってくれました。なぜなら、ありとあらゆる物事はほとんどすべて……外部からの期待のすべて、己のプライドのすべて、屈辱や挫折《ざせつ》に対する恐怖のすべて……こういったものは我々が死んだ瞬間にすべて、きれいサッパリ消え去っていく以外ないものだからです。そして後に残されるのは本当に大事なことだけ。自分もいつかは死ぬ。そのことを思い起こせば自分が何か失ってしまうんじゃないかという思考の落とし穴は回避できるし、これは私の知る限り最善の防御策です」

彼自身がこのような死生観をもつようになったのは、若い頃から仏教に学んできたことと、自らの体験によるものです。

その出来事は、念願であったアップルのCEOに返り咲き、iPodを発表して新たな事業をスタートさせた、その3年後の2004年に起こりました。

彼は体調の不良を訴え病院で精密検査を受けたところ、すい臓ガンだと診断されたのです。

医師たちは彼に、その診断結果から治療不能なガンの種別であり、余命3か月から6か月であると告げます。

彼はその診断結果を丸1日抱えて過ごしたそうです。

しかしその後の再検査で、彼のすい臓ガンは極めて稀《まれ》な形状の腫瘍《しゅよう》で、手術で治せることがわかり、一命を取りとめることができました。

死と直面したとき、人は大きく変わります。頭ではわかっていた、いつかは自分にも訪れるであろう死というものを、現実の問題として体験するからです。そして、死を見つめることにより、よりハッキリと自分の生を見つめなおすキッカケになるのです。

先にも紹介した大学の卒業祝辞の中で彼は、そのときのことをこう語っています。

「以前の私にとって死は、意識すると役に立つことは立つんだけど、純粋に頭の中の概念に過ぎませんでした。でも、あれを経験した今だからこそ、前より多少は確信をもって君たちに言えることなんだが、誰も死にたい人なんていないんだよね。天国に行きたいと願う人ですら、まさかそこに行くために死にたいとは思わない。それにもかかわらず、死は我々みんなが共有する終着点なんだ。

かつてそこから逃れられた人は誰ひとりとしていない。そしてそれは、そうあるべきことであり、そういうことになっているんですよ。なぜかと言うと、死はおそらく生が生んだ唯一無二の、最高の発明品だからです。それは生のチェンジエージェント、要するに古きものを一掃して新しきものに道筋をつくっていく働きのあるものなんです。

今この瞬間、新しきものと言ったらそれは他ならぬ君たちのことだ。しかしいつか遠くない将来、その君たちもだんだん古きものになっていって一掃される日が来る。とてもドラマチックな言い草ですまないんだけど、でもそれがまぎれもない真実なんです。

君たちの時間は限られている。だから自分以外の他の誰かの人生を生きて無駄にする暇なんかない。※ドグマという罠《わな》に、絡め取られてはいけない。それは他の人たちの考え方が生んだ結果とともに生きていくということだからね。その他大勢の意見の雑音に自分の内なる声、心、直感をかき消されないことです。自分の内なる声、心、直感というのは、どうしたわけか君が本当になりたいことが何か、もうとっくの昔に知っているんだ。だからそれ以外のことはすべて、二の次でいい」

※ドグマ＝独断、教条、各宗教・宗派独自の教理・教義

ハングリーであれ、愚かであれ

今まで紹介してきた、スタンフォード大学での卒業祝辞のスピーチの締めくくりとして、スティーブ・ジョブズは新たな人生を踏み出す卒業生に対して、こんな言葉を贈りました。

“Stay hungry, stay foolish.”（ハングリーであれ、愚かであれ）

この言葉は、常に彼自身がそうありたいと願い続けてきた言葉です。

そしてこの言葉を私なりに解釈すると、こうなります。

まずは「ハングリーであれ」について説明します。

現代人は知識ばかりを頭に詰め込んだ、〝頭太り〟の状態にあります。なぜこのような状態になるかというと、学んだ知識を実践しないから、せっかく得られた知識が未消化で終わり、それがいつまでも脂肪のように頭に溜《た》まったままになるのです。こうなると、空腹は感じられず、知識の吸収も悪くなるのです。

だから常に〝ハングリー（空腹）〟であるためには、得た知識を実践して消化し、それを自分の血となし肉となして、活《い》かしていかなければなりません。

もしあなたが1日に1回、本を読みたいと思わないとすれば、あなたにもすでに〝頭太り〟の兆候が出ています。

食べ物は体の栄養です。1日どころか半日も食べないとおなかがすきます。それと同じで本は心の栄養です。知識だけで頭太りになっていると、心はどんどんやせ細っていきます。だから本を読んだりして知識を得たら、必ずそれを行動に移して知識をしっかり消化しないといけません。そうすると心の空腹感からまた本が読みたくなるのです。決して〝心の肥満児〟になってはいけません。

「ハングリーであれ」とは決して「現状に満足するな」という意味だけではありません。体も空腹を感じているときが、いちばん活性化しているときなのです。それと同じで知的空腹を感じるからこそ、人は新しい知識を学ぼうとするのです。そして空腹であるためにも行動という消化活動をしなければならないのです。

次に「愚かであれ」について説明します。

これも現代人は頭でっかちになっていて、物事の判断基準を損得だけに置こうとする傾向があります。しかし人間関係においては、損得だけではうまくいきません。

利口であることは決して悪いことではないのですが、計算されたような人づきあいは必ず見抜かれます。それよりも人間はちょっと愚かなくらいが、かえってそれが魅力的なのです。

たとえば誰かがあなたに理不尽なことを言ってきたとします。普通に考えてもあなたには落ち度はなく、そんなことを言われる筋合いはなかったとします。それでも許せる範囲のことであれば、「いいから、いいから」と相手を許しましょう。その許せる範囲というのが、あなたの人間としての器の大きさであり、あなたの魅力なのです。そして何より、そうすることによって、あなたには確実にツキが味方します。そして理不尽なことを言った相手は確実に、ツキに見放されます。

本を読んで知識をつけたら、それを自慢するのではなく、その知識を使って誰かを喜ばせてあげましょう。そしてちょっとしたことでは腹を立てず、「いいから、いいから」と笑って過ごしましょう。これだけであなたは、たった5％だけど、でも確実にあなたを幸せに導くすばらしい5％の力を身につけることができるのです。

あとがき

最後まで読んでいただき、いかがだったでしょうか。

この本は、２０１０年8月に出版されました。10年一昔という言葉がありますから今更復刻していただいてもいかがなモノだろうと思いました。しかし、改めて読み直してみると今読んでもらった方がいいのではないかと思うようになり、この度こうした形で蘇ってきたことは本当にありがたい限りです。

ではなぜ今読んでもらいたいと思ったのか？

それは、２０２０年になって東京でオリンピックパラリンピックが行われるはずでした。ところが、皆さんご存知の新型コロナウイルスのパンデミック騒ぎで延期という事態になりました。かつて日本は、一度自国開催を戦争のため中止にしていました。その当時の本を読むと、当時の関係者の苦痛・煩悶・涙などのことを考えると、悔しくて悔しくて戦争という理不尽で矛盾極まりない出来事に、とても強く恨んだことだと思います。その時を自分なりに想像してみると、この戦争というのは、まずは理性を欠いたマスコミが世間を煽り、そこに乗っかる大衆がいて、機嫌をとることを一番に考える日和見政治屋たちが、実行に移してしまいます。当時、「戦争反対！」などと言えば、非国民として自粛警察になじられ、投獄されるか地域社会に「村八分」にあい、生活ができないようになってしまいます。こんな恐ろしい矛盾に満ちた社会常識が実際に存在していたことを私たちは忘れてはいけないのではないでしょうか。

「5％の人」をわかりやすく翻訳すれば「大衆になるな！」というメッセージです。そして、理性を持って大衆に流されない「創造者となろう！」という叫びです。この叫びは歴史を紐解けば、たくさん「5％の人」を見つけることができるでしょう。その代表格として夏目漱石先生にご登場願いましょう。

1914年（大正3年）に『私の個人主義』のお題で講演した言葉です。

『貴方がたはこれからみんな学校を去って、世の中へお出掛けになる。それには大分時間のかかる方もございましょうし、または追っ付け実社界に活躍される方もあるでしょうが、いずれも私の一度経過した煩悶（たとい種類は違っても）を繰返しがちなものじゃなかろうかと推察されるのです。私のようにどこか突き抜けたくっても突き抜けるわけにも行かず、何かつかみたくってもヤカン頭を掴むようにつるつるして焦《じ》れったくなったりする人が多分あるだろうと思うのです。

もし貴方がたのうちで既に自力で切り開いた道を持っている方は例外であり、また他の後に従って、それで満足して、在来の古い道を進んで行く人も悪いとは決して申しませんが、(自己に安心と自信がしっかり付随しているならば、)しかしもしそうでないとしたならば、どうしても、一つ自分の鶴嘴《つるはし》で掘り当てる所まで進んで行かなくっては行けないでしょう。行けないというのは、もし掘り中てる事が出来なかったなら、その人は生涯不愉快で、始終中腰になって世の中にまごまごしていなければならないからです。私はこの点を力説するのは全くそのためで、何も私を模範になさいという意味では決してないのです。

〜中略〜

それはとにかく、私の経験したような煩悶が貴方がたの場合にもしばしば起こるに違いないと私は鑑定しているのですが、どうでしょうか。もしそうだとすると、何かに打ち当たるまで行くという事は、学問する人、教育を受ける人が、生涯の仕事としても、あるいは十年二十年の仕事としても、必要じゃないでしょうか。ああここにおれの進むべき道があった！　ようやく掘り当てた！　こういう感投詞を心の底から叫び出される時、あなたがたは始めて心を安んずる事が出来るのでしょう。容易に打ち壊されない自信が、その叫び声とともにむくむくと首をもたげて来るのではありませんか。既にその域に達している方も多数のうちにはあるかも知れませんが、もし途中で霧か靄のために懊悩していられる方があるならば、どんな犠牲を払っても、ああここだという掘り当てる所まで行ったら宜しかろうと思うのです。必ずしも国家のためばかりだからというのではありません。またあなた方の御家族のために申し上げる次第でもありません。貴方がた自身の幸福のために、それが絶対に必要じゃないかと思うから申し上げるのです。』

夏目漱石先生のお話は今も充分に真理を経て離れていません。

漱石先生がおっしゃるように、心の底を知ることなく、なにか得体の知れない不愉快をかかえながら、何かに遠慮しながら人生を浪費し老いていく。

そういった人たちを今も多く見ます。ゆえにわたくし自身も、常に注意しながら過ごすように努めています。

そしてみなさんにもお節介ながら、「5％の人」側においでよ！　と声をかけているところです。

ここで再度漱石先生のお言葉を見てみましょう。

『もしどこかにこだわりがあるなら、それを踏み潰すまで進まなければ駄目ですよ。もっとも進んだってどう進んでよいのか解らないのだから、何かに打《ぶ》つかるところまで行くより外に仕方がないのです。私は忠告がましい事をあなた方に強いる気はまるでありませんが、それが将来あなた方の幸福の一つになるかも知れないと思うと黙っていられなくなるのです。腹の中の煮え切らない、徹底しない、ああでもありこうでもあるというようなナマコのような精神を抱いてぼんやりとしていては、自分が不愉快ではないか知らんと思うからいうのです。』

社会的予定調和というのがあるように思います。みんながそうだから、みんながやっているからという理由で「？」や「！」の感動をそらして、社会の予定調和になんの疑いも持たずにいると、何かの本に書かれていることや、どこかの権威者や成功者の言っていることの模倣でしかない、自分の個性という輝きを押し込んだままの一生となってしまいます。特にそれが良くないといいたいわけではありませんが、漱石先生がおっしゃるように、社会的予定調和というものさしを、確かな眼で見つめたとき、何かしらの不愉快が胸の中に残るのではないでしょうか。そうでないとすれば、昔から多くの哲学者がいうように「畜群」に陥っているのかもしれません。

ぼく自身は、若い頃からどうもこの予定調和を社会から求められると、是も非もなく不愉快な気持ちが持ち上がってきて、まずは予定調和を壊すことに走ってまいりました。

しかし、いま時空を超えて漱石先生のお言葉を拝すると、あらためて皆様には「予定調和を壊そう！」「5％の人」になろうよ！　と強く提言してみたくなってしまうのです。

この本を読まれて、少しでも「ムムムっ」と思って頂いた方は、全国で開催している「逆のものさし講」という本を通じた学びの場を開いておりますのでちょいとお寄りになってみていただきたいと思います。

この会は、不肖わたくし清水克衛が命続く限り行ってまいります。

もうすぐ私も消えてなくなりそうなので、お早めに！

最後に歴史上にて、5％の人として多くの見本を残してくださった先人に心より感謝申し上げ、実践していくことをここに誓います。

2021年1月

清水克衛

本書は、二〇一〇年八月にサンマーク出版より単行本として刊行されました。
本文記載の所属・役職・データなどは、出版時のものです。

清水 克衛 しみず かつよし

1961（昭和36）年東京生まれ。
書店「読書のすすめ」代表、逆のものさし講主宰。

大学在学中、たまたま暇つぶしのために読んだ司馬遼太郎『竜馬がゆく』第５巻との出会いがきっかけで、突如読書に目覚めるとともに、商人を志す。大手コンビニエンスストアの店長を10年務めたのち、平成７年に東京都江戸川区篠崎で小さな書店を開業。「10年や20年前の本でも、大正時代に書かれた本であっても、その人が初めて読む本はすべて新刊」という信条のもと、常識にとらわれない知恵と情熱で商いを続けた結果、全国からお客さんが訪れる繁盛店となる。
著書に、『「ブッダを読む人」は、なぜ繁盛してしまうのか。』『非常識な読書のすすめ』（現代書林）、『魂の燃焼へ』（執行草舟氏との共著、イースト・プレス）、『魂の読書』（育鵬社）、『逆のものさし思考』『他助論』（エイチエス）など、多数。

公式ブログ「清水克衛の日々是好日」
http://ameblo.jp/dokusume/

読書のすすめ ホームページ
https://dokusume.shop-pro.jp

【5%の人】

初刷 ―― 二〇二一年二月一六日
著者 ―― 清水克衛
発行者 ―― 斉藤隆幸
発行所 ―― エイチエス株式会社 HS Co., LTD.
064-0822
札幌市中央区北2条西20丁目1-12佐々木ビル
phone : 011.792.7130 fax : 011.613.3700
e-mail : info@hs-prj.jp URL : www.hs-prj.jp
印刷・製本 ―― モリモト印刷株式会社

ISBN978-4-903707-97-6